讲话
就得有方法

刘湛泉◎著

SPM 南方出版传媒 广东人民出版社
·广州·

图书在版编目（CIP）数据

讲话就得有方法 / 刘湛泉著 . — 广州：广东人民
出版社，2018.1
　　ISBN 978-7-218-12161-1

　　Ⅰ . ①讲… 　Ⅱ . ①刘… 　Ⅲ . ①人际关系－语言艺术－
通俗读物 　Ⅳ . ① C912.13-49

　　中国版本图书馆 CIP 数据核字（2017）第 258066 号

Jianghua　Jiudei　You　Fangfa
讲话就得有方法

刘湛泉　著

出 版 人：肖风华

责任编辑：马妮璐　刘　宇
责任技编：周　杰　易志华
装帧设计：刘红刚

出版发行：广东人民出版社
地　　址：广州市大沙头四马路 10 号（邮政编码：510102）
电　　话：（020）83798714（总编室）
传　　真：（020）83780199
网　　址：http://www.gdpph.com
印　　刷：三河市荣展印务有限公司
开　　本：787mm×1092mm　1/16
印　　张：14.5　字　　数：190 千
版　　次：2018 年 1 月第 1 版　2018 年 7 月第 2 次印刷
定　　价：39.80 元

如发现印装质量问题，影响阅读，请与出版社（020－83795749）联系调换。
售书热线：（020）83795240

序　言

随着科技的发展，人们越来越多地借助于工具进行交流，讲话的能力竟变得越来越弱。然而，还是有很多人已经意识到，制约他们人生发展的最大瓶颈正是讲话的能力。

交流工具的增多削弱了很多人当众讲话的基本技能。虽然在自媒体时代，可以说每个人都拥有八十家电视台的传播力，但是敢于现场直播的恐怕并没有多少人。

美国心理学家曾做过一个有三千人参加的调查，询问受访者"你最担心的是什么"。令人吃惊的是，有超过四成的人把"当众讲话"排在了第一位，而死亡仅排在第二位。

现实生活不会让我们放弃"当众讲话"。一人之辩，重于九鼎之宝；三寸之舌，强于百万之师。当众讲话的能力甚至决定事业成功与否，行走职场时没有多少人能离得开口才。

1999年，创业之初的马云仅用六分钟就说服了日本首富孙正义，赢得了2000万美元的投资；2005年，马云又用十分钟说服杨致远，成功收购"雅虎中国"……

与人交谈时，好的口才如战鼓催征、雄兵开拔；又如江水直下，一泻千里；更如绵绵春雨，滋润心田。古今中外，口才都是成功者必备的关键要素之一。

　　在成功需要具备的因素中，口才比出身、机遇、精力、智慧等更容易掌控。毕竟，当众讲话的能力是我们每一个人都可以习得的，只要我们坚持好好讲话就能做到。

　　"头悬梁，锥刺股""语不惊人死不休"，说明了"坚持"的力量；德摩斯梯尼含着石头讲话，一直含到满口是血，最终克服了口吃，成了举世闻名的演讲家，证明了"坚持"的力量……可见，成功就是把必需的事情坚持下来，包括当众讲话。

　　虽然我们在成长的过程中可能或多或少都学过一些语言表达的技巧，也有人受过一定程度的演讲训练，参加过无数次不同场景的讲话锻炼，但是可能并没有多少人能把这些学过的东西真正应用于实践之中，也没有多少人能说得清当众讲话的精髓，平常发言时只是随机发挥，谈不上"高明"。

　　这其中的主要原因在于没有经过持之以恒的训练，没有养成良好的讲话习惯，没有形成固定的成功语言模式。本书所贯彻的不只有口才的技巧，更有科学的训练方法。让你经过一定时间的锻炼之后能够随时出口成章，随时把话说得生动悦耳。

　　播种一种行为，会收获一种习惯；播种一种习惯，会收获一种品格；播种一种品格，会收获一种命运。习惯形成自然，习惯决定命运。本书根据当众讲话的规律，结合大量案例及对个人进行性格分析、诊断定位、精准设计，凸显了当众讲话的"表、型、声、言"四项基本功，通过"突破""拓展""提升""成型"几个阶段让你华丽蜕变，达到"辛苦三个月，语出惊四座"的神奇效果，为你打造"行走社会，成就大业"的万能"语言绿卡"。

目　　录

第一章

"言值"是一堂必修课

在生活中，我们时时刻刻都离不开口才。"一句话使人跳，一句话使人笑"，同样的话从不同的人嘴里说出来，味道也不一样。"口利"者往往无往不胜，"口拙"者却总在低处徘徊，这是人生中不可忽视的现象。因此，每个人都必须重视口才，重视对当众讲话技巧的培养。

第二章

"好声音"的几个标准

人的声音也是有好坏之分的，"好声音"不仅让人听来悦耳、动听，也能在听者心中留下良好的印象。虽然并非每个人都有一副天生的好嗓子，但只要肯下功夫训练，"好声音"也能水到渠成。

第三章

自信敢讲的自我训练

紧张是大多数人当众讲话的通病，也是当众讲话时必须要克服的心理障碍。只有自信、敢讲的人才能充分地掌握话语权。克服讲话时的紧张需要进行相应的有针对性的训练。冰冻三尺，非一日之寒，平时的刻苦训练终会让你成为一个魅力无穷的讲话者。

第四章

高效沟通与说服的四个阶梯

沟通需要高效，说服需要实效，沟通与说服都离不开四个阶梯——倾听、微笑、赞美和面对不同类型的人的应对方式，它们是沟通与说服无往不利的"武器"。这四点缺了任何一环，都可能造成沟通与说服的障碍。

第五章

不妨比别人说得更"艺术"些

口才是一门学问，也是一门艺术。高明的讲话者讲话都很"艺术"，他们有着高超的说话技巧，能够跳出普通人讲话的俗套。这些技巧也是我们练习讲话时需要好好学习的。

第六章

好好讲话，化解僵局

在日常讲话中，僵局是我们经常会遇到的问题。不会讲话的人在僵局面前总是手足无措，不知如何应对；而会讲话的人三言两语即可"转危为安"。这是讲话的底气，也是口才的实力。

第七章

讲话现场，学会掌控有度

如果在讲话现场做不到掌控有度，就会出现各种无法预料的情况。因此，控制现场也是当众讲话的重要一环。讲话者可以根据话语的表达方式、声音运用、身体语言的恰当配合来轻松调控现场，达到现场"为我所有"的效果。

第八章

脱口演讲，交流更真诚

讲话的最高境界是演讲，演讲的最高境界是脱口演讲。脱口演讲被很多人看成是可望而不可即的能力。但其实，脱口演讲只是一种心理素质、语言能力，只要掌握好其中的关键点，有朝一日你也可以成为一个侃侃而谈的脱口演讲家。

第九章

精妙演讲的制胜之道

演讲越精妙，越能打动人心。在演讲中，演讲者需要恰到好处地调和好与听众的关系，创造良好的氛围，获取讲话的优势，控制好演讲的现场氛围，只有做到这几点，才称得上是精妙演讲。

第十章
好好讲话的具体场景实战

好好讲话，说难也难，说不难也不难。在不同的场景中，有不同的讲话技巧需要我们掌握。因此，除了刻苦的学习之外，我们还应该将好好说话放到具体的场景中进行实战。唯有如此，我们才能真正地成为讲话高手。

第一章
"言值"是一堂必修课

在生活中，我们时时刻刻都离不开口才。"一句话使人跳，一句话使人笑"，同样的话从不同的人嘴里说出来，味道也不一样。"口利"者往往无往不胜，"口拙"者却总在低处徘徊，这是人生中不可忽视的现象。因此，每个人都必须重视口才，重视对当众讲话技巧的培养。

不会说话，你拿什么影响他人

当今时代是一个极为重视人际沟通的时代，也是一个越来越讲究"说话"的时代。我们在生活中，随时随地都需要与人沟通：说服别人接受你的观点、单位里的职位竞争演讲、毕业或跳槽的应聘面试、推销你的业务、让下属信服你、让上司欣赏你，甚至是在家庭中与父母儿女顺畅地沟通……在我们所能想到的生活中的方方面面，几乎没有不需要用"说"去达到目的的。

一人之辩，重于九鼎之宝；三寸之舌，强于百万之师。在信息交流尚不发达的古代，人们就已经充分意识到了"说话"的重要性。而现代社会中，人们横向纵向间的交流更趋广阔，"说"便成了每一个人必须具备的技能。

会说的人一定是一个能随时随地为自己"加分"的人。可以设想这样一个场景：在一个精英荟萃的座谈会里，如若某人谦恭有礼又能侃侃而谈，每次说话都能说到他人的心窝里，与会者频频点头对其表示赞美与认同，会后这个人必定会被别人牢牢记住，日后他与大家的联系也必然更加频繁，人际交往对他个人的发展当然也会带来水涨船高般的影响。再比如经贸谈判，双方说得合拍，多大的合同都能争取过来；而如果谈成僵局，那巨额财富也可能平白送人……有时在极为关键的时刻，真的是一言可以兴邦，一言也可以丧邦。

一个擅长说话的人能流利地表达出自己的意图，让别人接受，也能迅速从谈话中甄别出对方的真实想法，据此予以合理合情地应对，这样更有利于和他人建立起良好的友谊。反之，一个不会说话、木讷少言的人，和别人交谈时会感觉处处掣肘，又如何得到别人的信服并与对方进行有效的沟通呢？沟通不畅办事就不畅，这是在社会中为人处事的硬道理。

早在20世纪40年代，美国人就把"口才、美元和原子弹"看作生存的三大法宝。随着时局的变化，20世纪60年代美国人又将"口才、美元和电脑"视为生存的三大法宝。但不管在什么时代，口才都被看作是生存的三大法宝之首，口才的重要性可见一斑。

"说"是人在人际交流中必须具备的一项能力，也是创新型人才和开拓型人才必备的素质。会说话的人在每一个场合都会受到欢迎，都能主导话语权，为自己争取主动。如果会"说"，你便拥有了一种不可思议的力量，可以影响你周围的人。

现代社会中，专业化的分工越来越细，有知识的专业人才也越来越多。但是人才并不一定都有口才，而拥有口才的人却一定是人才。有才干又有口才的人才有可能成为行业的赢家、人生的赢家。其实，会不会说也是一个人的知识储备、思维应变、专业技能等综合素质的体现。

无往不利的人都懂得如何说话

精英、名人是我们很多人奋斗的标杆。我们往往被他们的公众影响力所吸引，但在很多时候我们却忽视了"说"在他们达到人生高度的过程中所起到的重要作用。

会说，是古今中外名人们的必备"撒手锏"。纵观历史，毛遂自荐、晏子使楚、诸葛亮隆中之对，无一不是靠卓有成效的"说"来赢得最后的成功的。

互联网大佬马云的说话水平被公认为是"开挂"的水平，他每次说话都能给听者一种高山仰止的感觉。"在我刚开始创业的时候，有人说，如果阿里巴巴能够成功，无疑是把一艘万吨巨轮从喜马拉雅山脚下抬到珠穆朗玛峰峰顶，我就要让他们看看我是如何把这艘万吨巨轮从珠穆朗玛峰峰顶抬到山脚下的。"

马云的话总是像这样不拘一格、句句经典，经常给人一种峰回路转、荡气回肠的感觉，让人印象深刻、感同身受。马云有如此口才，也难怪能为自己的企业带来经济效益，难怪他能为自己打开一条通天大路。

马云的口才并非天生，而是刻苦锻炼的结果。儿时的马云就混迹茶社，天南海北的人在此高谈阔论，耳濡目染使得马云从小就成了一个善辩的人；进入大学后，马云担任了杭州师范学院的学生会主席；步入工作岗位，马云先是在杭州师范学院教书，后来又独自创业。这样的人生经历让他少不了面对公众演讲的机会，再加上马云独特的语言文学气质，后来创业的马云拥有一套独步天下的话术也就不足为奇了。

特朗普能够在前期民调的劣势中脱颖而出，最终在美国大选中战胜希拉里，成为新一届的美国总统，在很大程度上也是依靠他的那张利嘴。特朗普扣人心弦的演讲是他获胜的关键。他曾经说过："如果你没有口才，你就没有能量；如果你没有能量，你就一无所有。"特朗普的口才同样也源自于他长期管理企业的成功经历。

不止马云和特朗普，我们还可以发现，无论是商界领袖比尔·盖茨、乔布斯、刘强东、马化腾、史玉柱，还是政界领袖马英九、丘吉尔，文艺界名人易中天、于丹、余秋雨等人，他们都是口才惊人的人，也都是经过多番历练后成为说话高手的。

人生战场上无往不胜的人都懂得如何说话，这是一个亘古不变的道理。如果我们想要成为无所不能的人，也必定要刻苦锻炼自己的说话能力，让自己成为左右逢源的说话高手。

说话是一门技术活

人天生能说话，但能说话并不等于能"说好话"。"说好话"是能把自己心中所想清楚表达出来的一种能力。如果将这种能力进行拆分，那就是要先想清楚，然后说清楚。

在现实生活中，很多人说话含糊、表达不清、条理紊乱，这些都是不会说话的具体表现。有很多人习惯性地凭感觉去说话，没有养成开口前先在嘴边绕三圈的习惯。譬如演讲时，多数人都觉得只要把演讲稿写好了，演讲时自然就能说好。其实，那只能称为上台读稿，算不上演讲。真正的演讲时要完美地表达你的立场，你要先考虑清楚你想对观众传递的是什么。如果你想向观众传递一种情绪，就要明白自己的情绪是什么；如果你想向观众传递一种思想，就要思考你的思想是否深刻；如果你想向观众传递一项知识，那你首先要反问自己对这门知识的掌握是否通透。

有很多人像上面说的那样演讲前会做好准备，但临场开口时却吞吞吐吐，不能自然流畅地进行表达。这样的表现就是没有进行口才锻炼的结果。这些人要抓住一切让自己开口的机会，找准合适的训练方法，逐步提高自己的说话水平。

记住，口才不是天生就有的，没有人是不经过锻炼和熏陶就成为口才高手的。

英国著名首相丘吉尔被人称为"世纪演说家"，可他原来却是说话口吃的人。为了练习口才，他不惜徒步四十多千米去一个法院聆听律师的辩论。为了克服紧张心理，他甚至对着树桩、成行的玉米练习讲话。英国戏剧大师萧伯纳年轻时同样胆小木讷，去朋友家都不敢敲门。后来他鼓足勇气参加辩论大会，不惜一切地和对手辩论。他疯狂地学习语言艺术，千锤百炼，终成演讲大师。

我们每一个人都可能通过后天的学习、培养而成为"说话"的高手。说话这件事不是死板的，而是有章可循的。说话是一项艺术，也是一门技术活。懂得这项技术的人，不会勉强别人与他存在同样的想法，而是会巧妙地引导别人；他们不会让交谈中出现尴尬，而是会运用各种幽默风趣的谈吐来化解尴尬的气氛；他们在演讲时声情激昂、与众共鸣；他们在谈判时能言善辩，巧舌如簧……

俄罗斯诗人纳德松说过："世人没有比语言的痛苦更强烈的痛苦了。"的确，说话是人生的一种本领，也是一门高深的学问。一个人要在各种场合中赢得先机，就必须掌握说话的技巧。

第二章
"好声音"的几个标准

人的声音也是有好坏之分的，"好声音"不仅让人听来悦耳、动听，也能在听者心中留下良好的印象。虽然并非每个人都有一副天生的好嗓子，但只要肯下功夫训练，"好声音"也能水到渠成。

声情并茂最动人

　　讲话时拥有一副"好声音"，才能让听者"爽耳"，也才能更好地在听者心中烙下印记。"好声音"的标准很多，其中很重要的一点就是声情并茂。

　　听声情并茂的人讲话是一种艺术的享受，他们的话好听、好记、好用。好听，就是有的人一开口讲话，现场便鸦雀无声、人人静心聆听，说到高潮处时总能有阵阵掌声或笑声。男生的声音犹如洪钟大吕，女生的声音犹如悦耳银铃，无一不给人以美的享受。好记则是能使观众不用纸笔，听完就能将所听的记在脑子里。好用就是内容实际，讲话者说的都是别人用得上的东西，而不是废话连篇、倒人胃口。

　　声情并茂有两个重点，一是声，二是情。

　　声音是说话内容的载体，也是说话者感情最直接的表达工具。说话者的心情及说话时的状态都能从他的声音中得到反映。以声达意、以声传情是说话的一种境界。我们在语言中表意的同时，声调的高低、语速的快慢、音量的大小都会不知不觉地在听者心中激起波澜。好听的话语传递的情感真切而充沛，很容易令听者动容。

　　有一位意大利的著名演员，他在台上用悲切的音调朗诵阿拉伯数字竟然都能使台下的听众黯然落泪；有一位中国艺术家在朗诵菜谱时，竟能使听者觉得菜谱犹如诗歌一样美妙。这都是声音传递情感时体现的最直接的力量。

声音的情感性，既有内在的情感表达，也有外在的语调、语势等形式的配合。这两个方面综合起来，就组成了各种带有情感色彩的声音氛围，进而刺激听者的想象力。按说话者想要表达的意境来分，声音可以激昂澎湃，也可以婉转凄切。

说话者选择用什么样的声音，完全取决于所处的场合、说话者的个性、听众以及最重要的——讲话者想要表达的感情。声音是一面镜子，你有何种心理，它就有何种反应。如果讲话者的感情十分投入，听众就更有可能被感染、被说服。出色的演讲者首先要富有激情，进而用自己的激情打动听众，让听众受到感染，让所说的内容深入人心。

声情并茂地讲话其实不只取决于声音，合理的体态语也可以为之加分。古希腊哲学家亚里士多德就曾这样定义演说："它是一种将有声语言和无声语言（即动作）有机结合，以传情达意的技巧。"

体态是声音的辅助。很多时候，人们也把体态当成一种语言，称之为肢体语言。有语言学家称，在人类所要表达的所有信息中，通过非语言渠道传递的信息多达93%，其中38%源于语调、语速，另外55%就来自于肢体语言。肢体语言同样能有效地传递说话者的情感，人们往往会借它来弥补有声语言的不足。正如前人所言："说之，故言之；言之不足，故长言之；长之不足，故嗟叹之；嗟叹之不足，故咏歌之；咏歌之不足，故手之舞之，足之蹈之也。"

肢体语言能辅助讲话者表达自身情感，比如在说到"我们一定能成功时"，目视前方，握起拳头向空中一挥，就自然地给人一种既生动又有力量的感觉，把听者的情绪瞬间调动起来。

因此，讲话是声音和肢体语言的结合，声情并茂的声音是二者的有效搭配产生的。但无论哪一方面，都讲究自然、简明和富于变化，与情感的出口相适相宜。凡事"过度"和"不及"都是不好的表现，声音过于夸张、高亢或过于低沉那就没有了声情并茂的感人味道了。讲话的作用是沟通，沟通的目的是达成共识，声情并茂是达成共识的极为重要的先决条件。

气要通，声要悦，字要清

气要通、声要悦、字要清，可以称为"好声音"的三要素。

气要通，指的是气息通畅。气者，声之帅也。唐代文学家韩愈曾言："气，水也；言，浮物也。水大而物之浮者，大小毕浮。气之与言犹是也。"人们说话时的气息主要靠的就是呼吸，如果气息不通畅，说话的声音就容易沙哑，吐字也不会清楚，美感尽失。

人们讲话时的呼吸方式主要有胸式呼吸、腹式呼吸和胸膈式呼吸三种方式。胸式呼吸依靠胸部上端进行。吸气时，横膈膜小幅下降，腹肌基本不运动，呼气时只是把肌肉放松就行。用这样的呼吸法吸入的气流很小，说话时会给人一种中气不足的感觉，而且声音也缺乏弹性。腹式呼吸会动用腹部的肌肉，呼吸的力量更强，发声吐字比胸式呼吸有力，但力量仍不足以震撼听者。胸膈式呼吸则是上述两种呼吸的联合，吸气时胸腔扩大，气流量显然比上述两种呼吸要大，发音、吐字也更为洪亮。

我们平时说话时一般运用腹式呼吸即可，但在演讲、讲课等场合中就需要讲究更加科学的呼吸方法，能够自如控制胸膈式呼吸最好。一般来讲，采用胸膈式呼吸时可以在呼气时不马上放松，而是持续工作并梯次放松，同时让小腹自然内收，如此不仅能全面吸气，还能让气息停留在体内深处，按照讲话的需要有节奏地放出气息，从而使你的讲话既有声音的变化，又能较好地传情达意。

声要悦，指的是声音要听起来悦耳、舒服。如果你的声音听起来含糊不清，像是在用鼻音说话，就会很容易让听者觉得你是在抱怨，从而对你的讲话失去耐心。尽管每一个人的声带条件不一样，不可能做到人人说话都声如洪钟，但仍可以通过训练让声音锦上添花。

我们的声带发出的声音其实是极为微弱的，只有经过胸腔、咽腔、口腔、喉腔、鼻腔等位置共同配合，才能发出圆润洪亮的声音。说话时，对舌头的控制很重要，因为舌头的伸缩能够改变口腔的形状。如果舌前部举得太高，发出的声音就很单薄；如果舌根过分下压，声音也会浑浊不清。说话时，说话者要均衡协调自己的肌肉，肌肉自然放松，声音就会富于美感；肌肉绷得太紧，声音会较为僵硬；肌肉过于放松，声音也会没有力度。因此，讲话时最好放松参与发声的各个身体部位，喉头处在吸气的位置，使发声的通道畅通，发出的声音自然会悦耳许多。

字要清，是指讲话时要吐字清晰。我们可以想象一下，在一个公众场合中，一个人说话总像是在咕哝，会让听者感觉不确定，从而对这个人说的话及语言用意产生怀疑。

说话者可以不必像播音员一样说话时字正腔圆，但是至少得让听者明白你说的是什么，让他们能够不费力地听懂你的意思。字要清的关键是每个字音的字头、字腹、字尾都要发音完整。我国传统说唱艺术将每个字的发音分为出字、立字、归音三个阶段。出字是声母和韵头的发音，立字是韵腹的发音，归音是韵尾的发音。讲话时，如果出字准确，立字拉开立起，归音干净利索，就能发出较清晰的字音，也就是我们常说的"咬字千斤重，听者自动容"。

此外要注意的是，说话者要想让声音听起来悦耳动听，就尽量不要夹杂乡土音。如果确实要用的话，也要向听者强调，以免让人误以为你发音不标准。

口才不仅是"嘴上功夫"

"好声音"并不完全是声音和肢体语言的体现，它是对说话者素养的全方位展示，表达口才时礼仪和修养缺一不可。

口才不仅仅是指"嘴上功夫"，还包括说话者的行为举止。没有良好的行为举止的人，即使把话说得滴水不漏，他（她）也是没有魅力的。

一个人行为有度，会让人觉得舒服，如果他还能谈吐不俗，那就让人如沐春风了。这些良好的感觉并不在于说话者的衣着服饰是否名贵，而完全源于他对人对物的态度。

美国前总统林肯想要批评女秘书打印文件时多次犯错，但林肯没有直说，而是说："你今天这件衣服很漂亮，让你看起来更迷人了。不过，我还是希望你在打印文件时尽量不要有语法上的错误，这样，你打印的文件也就能和你一样可爱了。"林肯的话体现了他对女秘书的尊重，而女秘书显然也真切地感觉到了林肯的这份心意，从此以后，她打印文件时就很少出错了。

连对待秘书都能保持尊重的态度，这是林肯修养高、气度好的表现，而他说出来的话当然就能称得上是"盛世美言"了。

如果一个人把话说得天花乱坠，但却处处给人以傲慢、冷漠的感觉，那也不会有人喜欢他。礼仪的缺乏和修养的不足，已经将他声音的形象损毁殆尽，更遑论美感。

在人际交往中，我们往往将对人的印象分成三个层次。对于未曾谋面、只闻其人的人，我们对他的印象主要来源于他的名字；对那些有过一面之缘的人，我们对其的印象主要在对方的风度谈吐上；而对于相交很深的人，我们对他们的印象才会停留在品行、文化、才能上。因此，给别人留下良好的第一印象尤为重要。

行为举止可以说是声音的前一站，尤其是在初次见面的过程中。"未见其人，先闻其声"的情况毕竟少见，其实我们多数在谈话之前就对对方产生了第一印象。第一印象也被称为"首因效应"，它会在听者心里形成较强的心理定式，从而对之后接收的信息产生指导作用。所以，一开始就让人觉得礼貌谦恭、风度翩翩的人，再配以后来优雅的谈吐，就必然会给听者带来更好的感觉。当然，良好的举止不只是在给人第一印象时适用，在整个说话的过程中都需要保持，只有这样，你的谈话或演讲才是完美的。

在说话的过程中，不顾他人的感受大声吼叫也是没有修养的体现。这样的讲话同样让人反感。

孔子有云："礼者，敬人也。"孟子有云："敬人者，人恒敬之。"在任何场合，尊敬他人都是不可或缺的，它是获得别人好感并且让你能说服别人的重要条件。如果说话者在某些场合感觉不大自在，那就可能需要去研究一下举止，不妨好好观察一下别人待人接物时的态度，合理地运用到自己的话术中来，这样你说话时才能变得尊贵优雅起来。

"好声音"需要真性情

"好声音"讲究的是真性情，虚情假意地说话自然令人不爽。如果一个人有激情而又从容不迫，那他讲出来的话必然会很受欢迎。

在现代社会，可能有不少人感到缺了那种"想哭就哭，想笑就笑"的自如收放，人际交往中充斥着太多伪装，渐渐地自己也变得不爱在言语中表达喜怒哀乐了。

其实，"伪装"有时也有必要，但伪装并不等于扔了真性情。这里说的"伪装"是能够从容不迫、随时随地表现出镇定的非凡气度。一个成熟的人对自己的自我控制越高明，就越能给人"话说得在理"的感觉。

镇定从容的人一般都会受到尊敬。相反，一个慌慌张张的人总会给人成不了大事的感觉。平时生活中，我们便经常听到别人讲"某某慌慌张张，像什么样子"之类的话。一个人立身处世就应该有从容不迫的气度，给人以镇定、风雨欲来而面不改色的良好印象。从容不迫的气度是"好声音"的外延，也是"好声音"的内涵。试想，一个人表面慌慌张张，那说出来的话必然也是"结巴"的，会缺了流畅和气质。

《庄子·秋水篇》中有一个很有名的故事，说的是庄子和惠施在水边游玩，庄子看到水中游来游去的鱼，不由说道："这鱼游来从容，这是鱼的快乐啊。"惠施不以为然，反驳道："你又不是鱼，怎么能知道鱼是快乐的呢？"他们从而展开了一场流传千年的"庄惠之辩"。

"庄惠之辩"谁是谁非暂且不论，但庄子说鱼"游来从容"却是"从容不迫"一词的来源。在庄子眼中，从容不迫的鱼看起来就是快乐的，对人而言又何尝不是呢？从容不迫的人自然会有一种内在的气度、一种高雅淡定的风范。

在中国历史上，还有一个"从容不迫"的例子。

东晋时，宰相谢安面对来犯的八十万前秦大军。在东晋皇帝和文武百官都慌张不已的情况下，他却一副淡定从容的样子，别人问他怎么办时，他也只是笑答："已有准备，不必担心。"其实他心里也在打鼓，但他作为宰相不能表现出恐慌，进而再把这种心态传染给别人，他需要给别人一种正能量。这就是领导者的气度，遇到危机，不管有没有办法，领导者首先要表现得镇定、从容，并将这种能量传达给下属。

谢安做出妥善安排后，跟人下起棋来。晋军击败前秦大军的捷报传来时他仍然不动声色，仿佛胜利早已在预料之中。实际上，下完棋后谢安跨进私宅，兴奋之情再也按捺不住，以至于进门时把木屐上的木齿都碰断了。

就算心中慌乱也能不以为意，明明心中兴奋不已也能表现得漫不经心，这就是谢安的功夫，也就是古人常说的"养气"。不管外在的时事如何变化，行事说话都能淡定从容，自然就会影响别人。

在一般人的眼中，说话语气平和、行事从容不迫的人必定是做大事的人，因为他们遇事沉得住气。因此，遇到事情时把内心的慌张或兴奋之情"伪装"

起来，给人以淡定从容之感，是一种处世智慧，也是一种传播手段。

假如真的遇上了棘手的事，不妨平静地对别人说："不用慌，事情没想象中那样坏。"把握好自己的情绪，沉稳地应对各种突发事件，处变不惊，这样才能凝聚人心，真正地沉下心来解决问题。

耳语发声练习法

"好声音"是可以通过训练得来的，耳语发声练习法就是训练方法之一。

耳语发声练习法，简单来说就是用悄悄话的形式，快速掌握用气发声的练习方法。这种练习方法可以使你的声音变得圆润好听，并且说话时气息通畅，兼具练习时不哑不吵的诸多好处，值得我们在"好声音"之路上下一番功夫。

进行耳语发声练习时，声要轻，要领是先用鼻子快吸——吸饱——吞气——用口慢呼——连续三次——再吸饱吞气（准备），就好像"吸气闻花香、呼气吹蜡烛"一样，做到"吸气一大片，呼气一条线；气断情不断，声断意不断"。吸气要深，小腹收缩，整个胸腔打开，尽量吸入更多的气；呼气时则要缓慢，让气慢出，呼气时可以把上下齿合上，只留一条缝让气通过。可以一口气背一段诗或说一段话。

同时，在耳语发声练习中要将练气、练声、练神紧密结合起来，这样才能达到最好的效果。

练习时，一个重要的方法就是要微笑。

首先，微笑和气息的运动方向是相反的。当一个人微笑时，脸上的笑肌会向上拉，气息则会往下沉，二者正好相反。比如微笑着说："谢谢您的到访。"脸上笑肌往上提，肌肉一放松，气息就沉下去了，整个身体也会呈现一种放松的状态。相反，如果你是紧张的，肌肉下拉，气息就会很浅，说话也会不自然。因为紧张的时候气是锁住的,只有放松的时候气息才会顺畅。

其次,要让声音好听,就要让口腔有共鸣。微笑的时候,后槽牙打开,口腔更像一个山洞,能轻易地得到共鸣的效果,这样声音才会圆润好听。一个人愁眉苦脸的时候,口腔瘪着,上下牙咬合在一起,口腔是扁的,就无法形成好的共鸣,声音自然也不会那么美妙。所以,说话时口腔要打开,这也需要微笑的力量。

再次,微笑时你的吐字也会更轻巧。微笑的时候,舌根会放松,语音就会精准轻巧。生活中,说话口吃的人舌根是僵硬的,无法放松,因此吐字不清。我们常常将"笨嘴拙舌"联系在一起说,所谓"拙舌"就是舌根不能放松,自然也就成了"笨嘴"。而如果微笑着说,吐字就会很清晰。

除了微笑,最好加上手势,对着镜子练,效果会更加明显。练习的内容可以是古典诗词,也可以是一段散文、一段绕口令,形式不拘。开始时可以在字与字之间有些停顿,习惯以后再缩短间隔时间。这里举一个例子,就是用耳语发声练习法来数枣,一口气数,可以从一颗枣、两颗枣、三颗枣数到九颗枣来进行,每天增加一颗枣,不可急躁,坚持四个二十一天不间断,以达到一口气数六十五颗枣为基本标准。

通过耳语发声法来反复训练说话,坚持二十天左右,就可能形成丹田用气的习惯,声带就会放松。练好了气,自然就会发声,之后再提高声调,讲话就会好听多了。

"字正腔圆"训练法

在讲话的场合中，我们都喜欢听那些字正腔圆的发音，干脆、利落、响亮，而嘶哑干涩的声音听起来总有刺耳之感。但是，一个人能字正腔圆地说话并非天生的，很多人的"好声音"都是通过练习得到的。就如播音员有美妙的嗓音，除了先天的优势以外，后天的功夫同样不可忽视。

读音准确规范、字音清楚不含混，就是"字正"；"腔圆"则是声音圆润、发音集中、语音连贯。其实，每个人都可以练出字正腔圆的好声音。

字正腔圆的第一步是念准字音。我国通行普通话，与人交流时通行无碍的也是普通话，念准字音当然就是要念准普通话的音。但汉语是世界上最复杂的语言之一，有着太多的多音字，也有很多声调不同、字形相近的字，这就要求我们讲话时一定要细心，将每一个字念得标准，不致产生笑话。尤其是在演讲的过程中，讲话者不能有一丝失误，否则演讲的效果就会大打折扣。

念准字音，首先要求我们常进行口部训练。口部训练有四种。

一是口部开合练习。张嘴，好像打哈欠的样子；闭嘴，好像啃面包的样子。开口时动作平和，上下唇放松，两边的嘴角向斜上方抬，舌放自然。可以经常进行类似的练习，这样可以让口腔尽量张大。

二是咀嚼的练习。一会儿张口咀嚼，一会儿闭口咀嚼，张口咀嚼和闭口咀嚼交叉进行。练习时舌要自然，不能太僵硬。

三是双唇的练习。双唇的练习有两种形式：一种是双唇闭拢，向前后左右上中下运动；还有一种是双唇打响。为了避免力量分散导致字音不集中，可将唇的力量集中在唇中央的三分之一处。

四是舌部的练习。舌部练习的方法有很多，常用的是舌尖顶住下齿，舌面慢慢上翘，舌尖在口内左右顶住口腔壁，在门牙处上下转圈。或是舌尖伸出口外，尝试往前、往上、往下伸展。舌在发音的过程中要收拢上挺，将力量集中在舌的前后中轴线上。

其次，要进行的是呼吸发声练习。呼吸发声有两种。

一是慢吸慢呼。站定于某处或一只脚稍向前站立，双眼平视正前方，全身放松，用鼻子缓慢吸上一口新鲜空气，这样保持一会儿，再慢慢呼出。

二是快吸慢呼。身体姿势同上，可以想象你收到一封渴望已久的来信，想要一口气读完，于是迅速而短促地吸上一口气，并保持气息，然后喊一声"啊"，保持着吸气的状态，再缓缓呼出。如此反复练习。

在全民皆用手机的时代，我们也可以随时练习自己的吐字。在任何闲暇的时刻，都可以从手机上找一些成语、绕口令来读，或是跟着新闻联播的视频默默诵读。在公众场合诵读声音要小，只让自己听清即可，但一定要发出声来。声音是否响亮，关键在一个字的韵母。发音时放慢速度，把每个字的声母和韵母的音发全，吐字就清晰饱满了。起始时不要着急，不要练得太快，例如说"卡"，声母是k，韵母是a，速度快了，不能把a音发出来，这个"卡"字就不会说得响亮。在遇到平舌音、翘舌音时，发z、c、s这三个声母，舌头平伸，让舌尖与上齿背形成阻碍；而发zh、ch、sh这三个声母，可以让舌尖上翘，与硬腭前部接触形成阻碍。

在练习清晰咬字时，绕口令是一种很好的练习素材。中国的绕口令很多，可以随意搜一些来反复练习。比如《九月九》："九月九，九个酒迷喝醉酒；

九个酒杯九个酒；九个酒迷喝九口，喝罢九口酒，又倒九杯酒；九个酒迷端起酒，咕咚咕咚又九口；九杯酒，酒九口，喝罢九个酒迷醉了酒。"另外像"荞麦摘吧，苞谷摘吧"这样的短句也可以练习。久而久之，你就能掌握咬字清晰的要领了。

讲话时如果单凭声带发声，发出来的声音会是沙哑的。只有将口腔、喉腔、胸腔打开，做到共鸣，这样发出来的声音才会响亮悦耳。练习共鸣的方法很多，可以尝试模拟汽车长笛，或是假设一个人在不远处，对他大声喊"小杨——等——等——我"，或是进行夸张的四声练习，如"风——调——雨——顺""山——明——水——秀"等，都会有较好的效果。

第三章

自信敢讲的自我训练

　　紧张是大多数人当众讲话的通病，也是当众讲话时必须要克服的心理障碍。只有自信、敢讲的人才能充分地掌握话语权。克服讲话时的紧张需要进行相应的有针对性的训练。冰冻三尺，非一日之寒，平时的刻苦训练终会让你成为一个魅力无穷的讲话者。

阅读，为自己积累谈资

当众讲话，是讲话者将心中所想的意思当着众人的面完美表达出来的一种艺术。要讲好话，就要肚里有货，同时要跟得上别人讲话的内容和节奏。我们的谈论内容经常是无所不包，如果言之无物，讲的内容必定空洞乏味，自己也会觉得无趣甚至丧失自信。而如果你知识丰富，说到哪儿都能让人信服，那你的人格魅力也会得到提升，更重要的是，你还会有自信的底气。

肚子里的"货"从哪里来？当然是从平时的学习、积累中来。谚语说"活到老，学到老"，生活中可供我们学习的东西太多太多，保持谦卑的心态，摒弃狂妄自大，不断学习才能不断进步，才会有说话的底气。说话的底气来自你的实力，绝不是其他。那些能够娓娓道来的人一定是具有说话的实力的，他们不会与人面红耳赤空洞地争，而是用才华、学识轻易地说服别人。

阅读是我们获取知识的重要途径。今天我们处在一个新信息大量产生的时代，不学习就可能落伍，言之无物。

阅读的渠道很多，图书当然是重要的途径之一。现在我国国人的阅读量总体是偏少的，比西方国家的人均阅读量少很多。据统计，我国国人一年的人均阅读量也就是一至两本，显然达不到通过阅读获取谈资的目的。纸质图书有着系统性、连续性和准确性的优点，是其他电子读物所不能替代的。所以，我们在空闲时应该多读书、读好书，最好坚持每月读一本书，并且不要只找自己喜欢的来读，可以百科式地都读读，不需要精深，但要懂皮毛。这样做有助于我们迅速积累知识，以至和各界的人物都能"好好说话"。

阅读报纸和网络新闻也是一种不错的积累方式。报纸和网络是新闻的重要来源，而我们在日常生活中总会谈论新闻热点。多看报纸和网络新闻有助于我们了解各方面的新闻和信息，能对当下发生的事情侃侃而谈，并合理表达自己的观点。我们可以每天浏览三十分钟的网页，上网不要只看标题而忽视内容，各种板块都可以看一些，如财经、娱乐、美食、军事等。好好经营自己的微博，它已是当下信息快速传播的有效手段之一。网络能让话语传播得更快，也让现在的"语者"有了更多的创意和趣味，但同时，说话也变得更难了，及时掌握网络用语的语境和意思，才能把话说得更出彩。

为了更好地说话，在阅读的时候一定要兼顾完整性、深度性和广泛性，将事物尽可能地理解通透和全面。完整性能让说话的人出口成章，整句整段地讲，而不是讲了上句没下句；深度性则让你在某一方面能有自己独到的专业的见解；广泛性则使你在讲话时能够触类旁通、信手拈来，这些都将是你"好好说话"的绝佳底气。

自我介绍五要素

与人第一次见面时，除了别人的介绍外，我们逃不掉的是自我介绍。如果是演讲，我们就更需要自我介绍了。好的自我介绍能给人良好的第一印象，放大首因效应，为接下来的顺利谈话做好铺垫。

自我介绍可以说是演讲的第一步，因为在听到一个人说话时，听者必然会有所疑惑：他是谁？他是做什么的？他有什么能力？我为什么要听他的？自我介绍就是解答听者这些疑惑的关键。如果你连自己都介绍不清楚，你讲的话自然也没人愿意听。

自我介绍时要将自己的姓名和身份自然地报给听者，态度要自然、亲切、随和。同时，自我介绍时要充满信心和勇气，面带微笑，敢于正视听众的目光，语气自然，语速不紧不慢，语音清晰响亮，这样才是一个成功的自我介绍。

通常来讲，不论是社交场合还是演讲场合，自我介绍都有对应的五个要素。

社交场合的自我介绍

在社交场合的自我介绍中，讲话者需要向听者传达这五个基本信息：问好、名字拆分、名字代表的含义和祝福、籍贯、职业。

问好，即"大家好""你好"之类的见面客套语，也是一场话局开始时必需的步骤。名字拆分也好理解，比如讲话者叫"刘建豪"，那么他的自我介绍可以这样说："大家好，我叫刘建豪，刘是文刀刘，建是建设的建，豪是豪气的豪。"这样可以让听者加深印象，最大限度地记住讲话者的名字。名字代表的含义和祝福，是说如果你的名字有特殊的含义可以说出来，比如针对"刘建豪"这个名字，可以说"我这名字寓意有所建树，为人豪气"，同时别忘了给听者送上祝福，比如可以说："希望大家从认识建豪的这一刻起都能工作顺利，生活如意。"这样的自我介绍就给别人送出了一股暖意。此外，籍贯的介绍是为了让听者了解你是哪里人，职业的介绍是为了让听者了解你是做什么的。这样一番介绍下来，听者便对你有了一个大致的了解，同时你的祝福也拉近了你与听者之间的距离。

在社交场合中，应酬式的自我介绍可以稍简略一些，工作式的自我介绍中这五个要素就缺一不可。其中，姓名应当一口报出，供职单位或部门能全部报出时最好全部报出，如不便相报也可说个大概。在介绍职位时，如职位较高，最好报出职位；若没有职位或职位较低，则可以介绍自己目前从事的具体工作。

演讲场合的自我介绍

演讲场合的自我介绍也需要五方面的要素，即：问好、名字拆分、经历、塑造自己的形象、对大家的帮助。问好和名字拆分同社交场合的自我介绍五要素。经历是你与演讲主题相关的过往经历，比如你要做的是一个"成功学"相关的演讲，就可以说："我一直非常酷爱成功学，看过整本《卡耐基大全集》这样的成功学书籍，还不断自己研习，经常听成功学大师的课程。到目前为止，我已做过两百多场有关成功学的成功演讲。"塑造自己的形象也很好理解，它和经历的介绍是承前启后的关系，你可以说："我现在已经总结出了一套很适合当下'80后'、'90后'的成功学体系。"在对大家的帮助这一方面，可以说："我希望它能真切地帮助每一个人，让它像卡耐基的训练法一样盛开在每一个角落。"

当然，自我介绍时也要视场景和对象而先把介绍语准备好。在把自己介绍给长辈、领导、名人时，态度谦恭、语气温和是必然的，但不要做出一副点头哈腰、卑躬屈膝的样子，也不能居高临下、恃势傲人、出言不逊。同时，在自我介绍中，对于容易读错的字要特别加以说明，比如多音字的"乐"，要向听者强调，是读"le"还是读"yue"。如果在比较正式的社交场合，自我介绍完成后再递上自己的名片，将能收到更好的效果。

在社交场合中，有时会遇到介绍别人的情况，比如你是主持人或充当中介人时，需要将另外两方互相介绍给对方。在这样的介绍中，首先要注意先后顺序，要清楚"先把谁介绍给谁"，要牢记"受尊敬的一方有优先的了解权"这一准则。介绍时，要注意先把职位低的介绍给职位高的，把年轻的介绍给年长的，把男士介绍给女士，把未婚女子介绍给已婚女子，把家庭成员介绍给客人，不然就是有失礼仪之举。再者，介绍时信息量要适中，能使双方互相了解姓名、职位、职务和特长，能为双方进一步的交谈引出话题即可，切记，不能草率，也不能画蛇添足。

总之，不管怎样都尽量别让自我介绍落入俗套。自荐无力也是很多人说话时爱犯的毛病，比如某人姓石，他在进行自我介绍时就可以说："大家好，我姓石，石头的石。"再比如某人叫程雷，他进行自我介绍时就可以说："大家好，我叫程雷，程咬金的程，打雷的雷。"这样的介绍就太过于简单，没有吸引力，如果说"大家好，我姓石，钻石的石""我叫程雷，前程似锦的程，雷厉风行的雷"，这样就比之前的介绍更个性化、正面化和哲理化，也更容易让人记住。

一定要克服你的紧张情绪

讲话或演讲时，很多人都会有紧张情绪。其实不只是演讲，我们在面见上级、面试、集会发言时都有紧张的时候，有紧张情绪在话局中是很普遍的情况。

探究人们说话时紧张的实质，无非有以下三种。

一是不想献丑。有这种心态的人会认为：只要我不在别人面前说话，别人就不会看出我的缺点；我一说话，那些粗浅的根底、拙劣的看法就会暴露出来，所以我还是不说为妙。

另外一种人是不知道该怎么组织内容，对他们而言当众说话就像被硬拉进了一个陌生的场合，他们从一开始就惊慌失措。

还有的人是因为先天的原因，生性内向腼腆，本来平时说话就低声细语的，遇到大场面时就更加胆怯了。

但其实，以上的紧张心理都不可怕。俗话说"心病还需心药医"，心理的毛病用心理方法去治疗才是最直接的。害怕当众讲话，没有谁是特例，但无论如何一定要对自己讲话的内容和效果充满自信，必须在精神上鼓励自己把话说完、说圆满。讲话之前，你可以先深呼吸，然后在心理上暗示自己，"我对这个话题很熟，我讲得一定不错""我说的话对别人是有价值的，他们会肯定的"……

卡耐基克服紧张的方法更绝,他说:"你要假设听众们都欠你的钱,正要求你宽限几天,而你是神气的债主,根本用不着怕他们。"

说话者一定要树立自信,你要相信自己,能站在这个场合说话的人本身就已经具备了一定的实力,你又何必担忧恐惧呢?恐惧是后天的反应,幼小的孩子不懂恐惧,可以肆无忌惮地过马路,直到有人把他拽回来,警告他不能这样做。我们当众讲话的恐惧根源可能也在于曾经发现有同学上台背诗歌突然卡住了,场景变得很尴尬,之后这个同学又跟大家说了很多负面的感受与体验,我们才懂得了当众讲话的可怕,从而给自己下了一个恐惧的套。既然恐惧是后天造成的,那它也是可以忘却的,至少是可以控制的。

古代雅典著名的演说家狄里斯在刚刚走上演讲台时也是恐惧得要命,尽管经过了精心的准备但他仍旧说不好话。可他没有泄气,反而更加刻苦地训练自己,他对着浪花讲话、对着岩石呐喊,回到家里反复对着镜子练习……如此坚持不懈,终于扫除了恐惧的阴霾,他成功了,成了"历史的雄辩家"。

胆子是练出来的,不会从天而降,就如庄稼需要打理、公路需要修整一样。如果你深知自己害怕当众讲话,除了可以像狄里斯一样做练习之外,在现在这个社交场合密集的社会,你也可以试着多去接触陌生人,试着与他们闲聊、攀谈,说话的次数越多,恐惧之心就会越小。想让自己流利地表达自己的观点,让自己习惯开口是最好的方法。在社交中学会主动,即便一声简单的"你好",也能让你潜移默化地消除面对陌生场合的恐惧感。

说话的机会很多,你可以试着放开自己,走出去参加一些社会组织,并且在公众聚会等场合勇敢地站出来表达自己的观点。这些做法都是你进步的阶梯。

如果真的在当众讲话中说错了话，也不必在意。人们往往会高估自己说错的话或做错的事产生的后果和影响，认为别人会因此贬低自己。这样的想法往往会加剧自己的紧张，有时别人的鼓励也会让你更加紧张。还有的人出错以后总想努力地去解释，希望大家不介意他的失误，结果却适得其反。其实大家本来并没有在意这个问题，这一解释反倒将大家的注意力集中到了他刚犯的错误上来，结果事与愿违。

别把错误当回事。说话者要明白一个道理：人都是以自我为中心的。就算你站在了演讲台上，说着大家关注的问题，但观众的关注度其实也没你想象的那么高。除非你自己示弱，否则没有人能看出你的紧张。再退一步来说，就算你真的弱了，也没人会把你想象得特别不堪。很多时候，自己上了台去讲就好了，把关注的重心放在自己身上，而不要过分在意听众的感受。

如果你出的错误本就是无心之失，大家平时在生活中也会经常遇到，那么听者也不会对这个错误那么敏感。就算真遇到起哄的人，他们大多时候也不是恶意的，你在意什么呢？既然听者没有刻薄的心态，你又为什么要刻薄地对待讲话的自己呢？比如老板批评你在某件事情上有了错误，你最好的回答就是老老实实地承认："实在是对不起，确实有点问题，我下次一定注意。"可有的人却不，拼命想为自己的错误找借口，或是做出深刻的反省，让老板意识到自己检讨的决心。其实老板本来已经不介意这次错误了，你做得再多也是画蛇添足，甚至可能会降低老板对你的印象分，因为他可能会感觉你在逼他原谅你，对他来说自然心里不爽。

笑定、眼定和站定

我们在当众讲话时紧张的最主要表现就是无胆。有的人在什么状态下都紧张，有的人则只是对上级紧张、对下级不紧张，或是对外紧张、对内不紧张，或是讲话时紧张、谈话时不紧张。无胆的具体表现就是笑不定、眼不定、站不定。

当众讲话时，无胆一定会从人们的身体语言中表现出来。有的人上台歪歪斜斜，眼睛看向地面，面部无表情，说出来的话也是磕磕巴巴的。

内病外治，要克服这种上台无胆的表现，就要从身体语言上入手，这也是中医辨证施治在讲话场景中的具体应用。

笑定

先说笑不定。所谓笑不定就是上台时不会微笑，或者该微笑时不会微笑。内心紧张的人不会以微笑示人。他们心里紧张时肌肉就会僵硬，脸上的肌肉也是绷紧的，很自然地就给人一种面如寒冰的感觉。

而在实际的生活中，人们都是喜欢面对微笑的讲话者的。中央电视台曾经在学生中做过一项调查，调查的主题是"你喜欢什么样的老师"，结果大多数学生的回答是喜欢微笑着上课的老师。由此亦可知笑定在讲话中的作用。

微笑能给人一种喜乐的感觉。讲话者微笑了，听者就会认为讲话者的内心也是充满善意和活力的，下意识地就会受到感染。同时，微笑着的人脸颊的肌肉是向上提的，就像树木花草充满生机一样，听者一看就会很喜欢。

　　练习笑定时，重点是练"引"和"笑"这两个字。我们习惯于在照相时说"茄子"，就是因为说这两个字时能给人一种微笑的感觉。而实际上，说"茄子"时，嘴角和两颊的肌肉往上拉了，但眉眼却没有，并不是眉开眼笑的最佳笑定状态，而练习"引"和"笑"这两个字就能做到。我们可以每天对着镜子，用耳语发声法，每天说上百遍这两个字，这样时间长了，就能练出笑肌，还能让笑进入我们的潜意识中。

眼定

　　再说眼定。凡是讲话紧张的人一定不能用眼正视听者，他们的眼神是游移的。这类人在讲话的时候通常会看着地面，演讲时可能只盯着讲话稿。眼睛是心灵的窗户，人心里的紧张会表现在眼睛上，而一个内心自信的说话者眼睛是炯炯有神的，不害怕正视听者。

　　刑侦学上经常通过观察一个人说话时的眼神来判断他们是否说谎，就是这个道理。人的右脑控制左眼，管理图像、艺术等，左脑控制右眼，管理逻辑。如果一个人说话时眼睛往左上方看，那他说的话就有可能是编造的。

　　"人身所藏之精，譬如油；人身之气，譬如火；其光亮，譬如神。"道家将眼睛看作人身上最有神的部位，讲话者也一样。讲话者的目光和听者的目光在进行一种变相的博弈，讲话者目光坚定，气场就强，反之气场就弱。因此，能够面带微笑直视听者的人都具有不凡的吸引力。

　　练习眼定有几种方法。一是睁眼法。就是在眼睛前方三五米处找一个点，最好是绿色的，睁眼看一秒再闭一秒，如此反复进行，早晚各做上百次。这样能将松弛的眼皮练得紧致，同时，这也能让一个人的定力得到增强，对增加自信也有好处。二是看眼法。每天早晚目不转睛，对着镜子里的自己，用耳语练声法说话，每天二十遍。这样可以让练习者的精神专注，同时又营造了一种和人说话的互动感，让练习者练得更有劲儿。三是兼顾听者法。可以找几个朋友，进行一对一、一对二、一对三的循序渐进的说话练习。练习说话时一定要看着对方的眼睛，面带微笑，每天早晚二十遍，让自己最终形成肌肉记忆。

站定

最后说一下站定。站不定的人身体也是歪斜的，说话时会手足无措，或是不等站稳就开始说话，总想把话一口气说完，然后远离这个场合。有胆的人在演讲时则一定气定神闲，先等站好姿势，全场安静后再说话，讲话结束以后也会适时地鞠躬谢幕，从容下台。

我们常讲"坐如钟，站如松"，"站如松"就是站定的外在表现，能站定的人都会维持这个姿态，等三秒再说话；讲话结束后也是停三秒，再下台。要想做到站得直，腰就要挺。站直训练可以站在镜子前，微笑地看着自己，每天十分钟；或是找个朋友，两人面对面地站着，微笑地看着对方的眼睛一分钟，每天练十遍。站稳训练是先向左跨一步，默数"一、二、三"，开口说"大家好"。再向右跨一步，默数"一、二、三"，开口说"大家好"。或者两个人面对面站立，讲话者看着另一人的眼睛，两人一起默数"一、二、三"，再开口说"大家好"。或者是一人面对三人练习，同样用上面的方法进行练习。如此，每天练十遍。

总之，如果一个讲话者能做到笑定、眼定、站定这"三定"，那他的内心会变得更加强大，吸引力也会增加。

自信敢讲的服饰穿戴原则

服饰穿戴对一个人的影响非常大，在讲话的场合也是如此。如果你的着装不合时宜，首先就给人一种不搭的感觉，就算讲得再精彩，形象也已被扣了三分，达不到完美的效果。一个人的服饰穿戴本身就是一种无声的语言。得体的服饰穿戴除了能给对方留下良好的第一印象外，还能直接反映出说话者的气质、性格和内心世界。

美国著名商人希尔早年为了同一位富裕的出版商"好好说话"，每天早上都会穿上一套不同的崭新的衣服，在同一个街道上假装和这位出版商"邂逅"。希尔每天都微笑着和出版商打招呼，并且寒暄几句，终于引起了出版商的注意。希尔每天变化的崭新着装让出版商认为希尔是一位成功人士，出版商被激起了强烈的好奇心，而希尔等的就是这个机会。

希尔告诉出版商，他正在筹备一本叫《希尔的黄金定律》的杂志，准备近期出版。希尔从事的事业和出版商有着"高度的吻合"，于是出版商邀请希尔合作。从此，希尔的事业越做越大，一发不可收拾。

希尔成功与出版商结识就来源于他的穿戴产生的"广告效应"。因此，在社交场合，服饰穿戴的力量是不可忽视的。服饰穿戴合理，不仅能让一个人的精气神得到提升，讲话的自信感也会随之不断增加。

穿着得体的人会觉得自己的身份提高了一个档次，在心理上也增强了人际交往的信心。服饰穿戴得体，首先能给听者带来一种好感，在别人尚未真正认识你的才华之前就向听者透露出了你的素质。因此，在服饰穿戴上下点功夫，能让你的讲话事半功倍。

也许有人会以为，如果穿上了太讲究的服装有可能成为别人的焦点，反而加重了紧张的情绪。其实这是讲话者的恐惧心理在作祟。讲话者应该对自己暗示：我穿的这身衣服是最合时宜的，我比别人搭配得高明，穿着如此，说的话也是如此。明白了这一点，我们就应该从服饰上来突破社交恐惧的弱点。

在平时的社交场合或者演讲中，不妨花点钱买些档次稍高的适宜的服装，再打上领带。平时多去公共场合，有意识地去接近一些比自己地位高的人，从心理上把自己当成一个优秀的人物来看待。这样坚持一段时间，你就会发现自己的自信心有显著的提高，交际能力也会有所改善。

俗话说"男士重洁，女士重雅"。在服饰穿戴上男女的风格是有差别的，男士讲究简洁整齐，女士讲究雅致得体。没有人愿意和穿着邋遢的人多讲话。对男士而言，西服是最好的选择；对女士而言，职业装最好。此外，也要讲究衣服的质地，质地优良的服装和质地低劣的服装有明显的区别，可以尽量让自己穿得好一些。如果实在是受经济条件所限，也别忘了整洁、清爽是着装的底线。

当然，服饰穿戴也要与讲话的气氛相吻合。可以根据讲话的时间调整服饰，一般身着深色系的西服或职业装比较合适，这会让讲话者看起来更加稳重。要注意搭配衬衣、领带以及鞋袜，一些文具、名片夹、皮带等也是体现讲话者品位的重要配件，搭配时同样需要留意。衬衣可以选择净色或细条纹的，能给人低调的感觉。领带可以根据自己的爱好去搭配，配件亦可选择一些知名的品牌。女士不要喷较为浓烈的香水，最好也不要连续三天穿着同样的服饰，有特殊规定的工作场合除外。一般来讲，隆重的场合都要穿得隆重一点，而一般性的朋友聚会则可以随意一些，总体以干净、利索、大方、自我感觉良好为原则。

"循环练胆法"的训练设计

　　"循环练胆法"是增加讲话自信的有效方法，需要多人一起进行。练习讲话者可以参加一些公众讲话训练班。在这样的班里，大家都冲着同样的目的而来，自然能很容易地找到一起训练的人。另外，亦可以邀请朋友或找一些志同道合的人一起进行训练，实在不具备条件也可以在家人面前练。

　　"循环练胆法"的具体方法为：走——停——说——停——走，这种方法尤其适合经常出席演讲活动的讲话者。

　　走，是从台下走到台上的走姿训练。走时行如风，两臂自然摆开，以小碎步的方式快步走上台。上台后用余光看向观众，面带微笑，并将微笑一直保持到下台之后。

　　停，是走到台上的演讲者站定以后，心中默数"一、二、三"。台下配合训练的观众同时一起数"一、二、三"，以提醒台上的演讲者。

　　说，是向左看向观众，说"各位领导"，停三秒之后将目光转向右边，接着说"各位来宾"，再停三秒后将目光移向中间，继续说"大家好"。在说的过程中以头带动眼动，说完后双手打开致意。

　　然后再停，开场白后默念"一、二、三"，再开始演讲的内容，直到最后从容下台，有始有终。

　　最后的走，是说演讲完成后停顿三秒再下台，可从右路或原路返回，下台时的走姿和上台时一致。下台时眼睛看向前方，不必再注视观众。

这样的"循环练胆法"可以每天做二十一遍，坚持二十一天，对增强你的自信心很有帮助。

"循环练胆法"将说话者融入集体之中，第一轮练习就可以有效克服紧张的毛病。对于初学者来说，大家同时练习第一轮总会出现各种各样的紧张情绪，当发现别人也和自己差不多时，紧张情绪也就慢慢消除了。

同时，多次练习"循环练胆法"属于趁热打铁之举，也可以克服说话者的自卑情绪。因为是集体练习，每个人都要上台，有种被逼上梁山的感觉，硬着头皮也要上。来到这里集体练习的人都有共性，慢慢地练习时就会安心许多。

再者，多次练习"循环练胆法"，实践的机会多了，真正的本领也就练出来了，正所谓"实践出真知"。不练，永远走不出紧张的牢笼；只有练，才能让自己的当众讲话能力得到提升。另外，人都是好面子的，如果连续几次上台的演讲效果都没有得到提升、都比别人差，那也说不过去，因此参加训练的每个人都能从心理上鼓舞自己，使自己不断提高。

集体场合也是一个让弱者变强、让强者更强的有利氛围。没有比较，就不会知道自己的优势和劣势；没有比较，就没有进步。在这样的场合中，看到别人表现得好，会激励自己去努力；看到自己比别人强，也想以更好的姿态去展现自己，不至于到了某一轮就被别人比了下去。

一回生，二回熟，胆量是在不断地练习中练出来的。要想拥有好的口才，就要不断地锻炼自己的胆子，抓住一切机会，只有不懈地锻炼才能让自己取得成功。

第四章

高效沟通与说服的四个阶梯

沟通需要高效，说服需要实效，沟通与说服都离不开四个阶梯——倾听、微笑、赞美和面对不同类型的人的应对方式，它们是沟通与说服无往不利的"武器"。这四点缺了任何一环，都可能造成沟通与说服的障碍。

倾　听

适时附和地倾听

在沟通与说服的场合中，有的人始终不能给别人一个良好的印象，很关键的一点就是这些人没有注意倾听对方所说的话，因为他们只想着自己下一句要说什么，耳朵虽然在听，但实际上什么也没听进去。

会倾听的人才会受到欢迎，这是社交场合的准则，但是真正会倾听的人却少之又少。有人曾说过这么一句话："很多人请医生，其实他们所想要的，只不过是一个静静听他诉说病情的人罢了。"

著名作家毕淑敏写过一篇《让我们倾听》的散文，里面也有这样一段话：

在"倾听"这门功课上，许多人不及格。如果谈话的人没有我们的学识高，我们就会虚与委蛇地听。如果谈话的人冗长烦琐，我们就会不客气地打断叙述。如果谈话的人言不及义，我们会明显地露出厌倦的神色。如果谈话的人缺少真知灼见，我们会讽刺挖苦，令他难堪……

想想我们自己，我们是否也像毕淑敏说的那样，没有做一个良好的倾听者呢？不会倾听是因为我们缺少一种耐心。也许，我们并不曾知道，只有耐心地倾听才会给我们带来出乎意料的结果。

耐心倾听是一种良好的品质。在谈话的过程中，耐心地倾听往往会决定谈话的质量，从而对整个话局产生影响。

美国内战最艰苦的时期，总统林肯曾经写信给一个老朋友，邀请他到华盛顿来。林肯说有些问题要和他讨论，但是在这位朋友到来以后，林肯却只是滔滔不绝地和他诉说有关解放黑奴的事情，说完以后又取了些报纸杂志来读。里面有的是反对他解放黑奴的声音，有的是赞成的文章。谈了几个小时，林肯并没问那位朋友的意见，那位朋友也没有插嘴，只是耐心地听着，几个小时后林肯才送朋友离开。那位朋友随后对别人说："总统说完之后，心里觉得轻松多了。"是的，林肯在艰难时期最需要的不是建议，而是一位有效的倾听者，恰好那位朋友就是。

生活中每一个人都需要倾听者，我们自己需要，愤怒的顾客、不满意的员工、伤了感情的朋友都需要。如果谁讲话你都不注意听，只是讲你自己的事、自己的观点，或者别人在谈话时你却忽然提出另外一个不同的意见，那这样的人就只知有自己不知有别人，肯定会招来鄙夷的目光。

如果我们想要成为一个健谈者，就一定要注意倾听。要让别人对你感兴趣，你首先要对别人感兴趣。而让别人对你感兴趣的要诀就是：放下自己心中不吐不快的冲动，专心回答别人喜欢的问题，鼓励别人谈论或叙述他们的观点或成就。

人都是以自我为中心的，当你表现出倾听的专注时，他们会将你理解为是一个真正关心他人的人，这样对方对你就不会有厌恶感。再者，在对方说话的时候，你也在倾听中了解了他的个性和观点，顺着他的话发出"嗯、啊"等"赞同声"，并在恰当的时候附和对方，对方一定会觉得和你谈话很过瘾，并且愿意和你交流。倾听造成的亲近感是显而易见的，它能为我们以后的交往打下坚实的基础。

倾听在我们的工作中占了极其重要的地位，听得准确与否直接关系到我们行动的准确与否。要知道，很多麻烦和误会都是由于不能有效倾听造成的。在耐心的倾听之中，如果你能适时地加上引导，待对方说完、你充分理解之后再把话题转移到你想要的层面，那离你想要达到的效果就很接近了。

听得好，才会说得好

倾听的力量毋庸置疑，但是倾听也是有技巧的。要想成为一个健谈者，你首先得做一个专业的倾听者。正所谓"善言者必先善听"，智者多听，愚者多言。要想做到"好好说话"，就一定要先学会倾听。

在倾听的时候我们可能会遇到各种各样的问题，会倾听是决定你是否是一个合格的倾听者的关键。

倾听的时候首先要有一个好的精神状态。如果在谈话的过程中，倾听者神情萎靡、精神涣散，那肯定达不到倾听的效果，后继的谈话也就无从改善，反而给说话者以"鸡同鸭讲"的感觉。因此倾听时需要集中精力，保持大脑的警惕，悉心地听取对方的谈话。

有的人会因为遇到外部压力，或是只是为了宣泄自己的不快而诉说。在这样的场景中，我们要知道对方只是在宣泄他们的情绪，他们并不需要倾听者给出合理的建议或意见，就像上节中林肯的故事一样。这个时候听者需要的就是认真地倾听，可以不失时机地以"嗯、啊"来回应说话者，表现出你对他说的话很关注、很支持就行，千万不能表现出不耐烦的感觉，那是对对方的不尊重。

如果一个人是在完全迷茫的情况下对你诉说，那你要明白，他可能是想通过倾诉来向你求助。这时候，你就要适当地给他一些建议或者提供一些解决方案，帮助他们建立自信心，同时获得他们的信任。

在倾听的过程中一定要注意观察对方，也就是要注意听出对方话语背后的情感，能够了解和接受对方的这种情感，并且能够设身处地地为对方着想。只有观察到了对方的真实情感，你的倾听才是有意义的。

倾听中也要学会抓住重点，不要沉溺于对方细枝末节的描述中，分辨出对方谈话的主要意思，这样才能更好地理解对方的意图。在合适的时候，我们可以抓住关联词对对方进行引导，比如"然后呢""什么时候"等。

美国一位知名主持人林克莱特有一次采访一位小朋友。当时，林克莱特问他："你长大后的梦想是什么呢？"小朋友脱口而出："我要做一名出色的飞行员。"林克莱特继续问："如果有一天，你的飞机出了事故，引擎熄灭了，你会怎么办？"小朋友咬着牙齿沉默了几秒，然后坚定地说："我让大家系好安全带，然后我再带着降落伞跳出去。"小朋友话音刚落，全场哄堂大笑，但林克莱特却仍注视着小朋友，因为他看到这个孩子脸带泪痕，意识到他还有话未讲，便问他："为什么呢？"小朋友认真地说："我要去拿燃料，我还会回来的。"

林克莱特倾听出了小朋友弃全机乘客而跳伞背后的另一层意思，可生活中是不是有很多人在别人话还没讲完时就下了一个错误的结论呢？犯下这种错误就是因为我们没有耐心地听完对方的话语，如果在这个时候就得出一个结论，很有可能断章取义,让谈话的结果走向相反的方向。

倾听的时候要适当地回应对方,一个姿态、一个表情、一个很短的感叹词,微笑、点头,都能拉近和谈话者的距离。适度地提问也是保持良好沟通的手段,它能鼓励说话者将谈话继续下去。

必要的时候也可以保持沉默,沉默也是人际交往的一种手段,当对方情绪激动时要耐心地沉默着听他把话说完。但是我们要的不是那种故作高深的沉默,沉默与语言相辅相成才能取得想要的效果。如果真的要插话,也要把握插话的时机,在对方心情很好时可以说上一两句,在谈话结束时也可以给予适当的回应。

适当的回应是对谈话者的一种尊重,对双方的情感交流都是很有必要的,也为我们以后的谈话打下了基础。

说了这么多,我们来总结一下。好的倾听者一定有以下一些特征:认真地看着对方;坐姿端正,至少是很尊重的坐姿;屏气凝神,情绪和说话者同步;偶尔复述对方的关联词;偶尔点头、微笑回应;嘴里常有"嗯、啊"的附和;完全站在对方的角度思考问题,沉浸在对方的情绪中,仿佛身临其境。切忌不耐烦、走神、自己夸夸其谈、听到不同于自己的意见时就急于打断或反驳对方、始终沉默等行为。

微　　笑

在任何时候都要保持微笑

微笑是上帝赐给人类最珍贵的礼物，是一种最能让人愉悦的表情，在沟通与说服的过程中，又怎么能少得了微笑呢？

美国著名的成功学大师卡耐基曾说："微笑，它不花费什么，但却创造了许多成果，它丰富了那些接受的人，而又不使给予的人变得贫瘠，它产生在一刹那，却又给人留下了永恒的记忆。"英国著名诗人雪莱也说："微笑，实在是仁爱的象征、快乐的源泉、亲近别人的媒介。有了笑，人类的感情就沟通了。"

有这么多名人赞美微笑，微笑的力量不言而喻。

在路上，如果有人微笑着对你说："先生，请问去海昌西路怎么走？"

在餐厅用餐的时候，如果有人微笑着对你说："您好，能将您的椅子挪一下吗？"

……

你能忍心拒绝吗？

在大多数人的心目中，能够发自内心微笑的人，其心地也一定是非常善良的，他是可以信赖的人，这样的人说的话自然也是能令人相信的。微笑意蕴深远，当你在微笑时，你就好像是在说："朋友你好！我很喜欢你，我愿意见到你，和你在一起我很开心。"

微笑可以说是社交中最有效的交流工具，是一种友好的标志，也是融合的桥梁。它能化干戈为玉帛，能协调人与人之间的关系，更可以创造快乐和谐的气氛。

更重要的是，在说话的场景中，讲话者面带微笑不仅可以给听者一种温和开朗的印象，而且还能建立一种融洽的气氛。

在你的讲话中，有些内容和听者的认知会有偏差，或者是有人对你的观点故意刁难，此时一个微笑便能消除听者的抵触情绪，激发听者的热情，缓解话局中的矛盾。演讲时要注意，微笑应该成为我们贯彻始终的行为，在每时每刻都给观众一种亲切感。不管是遇到什么情形，保持你的微笑，礼貌地去应对，就能达成目的。

不仅是交际场合上，在任何时刻微笑都是一件美丽的外衣。我们不必要专门为了训练话术而微笑，而是将微笑贯穿在生活的每一个场面里，让微笑变得自然。你的笑容就好像是温暖和光明的信差，能够照亮每一个看见它的人。我们经常能看见空姐自有一种高雅的气质，很大程度上就源于她们那种甜美的微笑。在工作中，对每一个人微笑，可以让你如鱼得水、左右逢源。如果你还不会微笑，那么从现在开始微笑起来吧，很快你就会发现，你的生活将会因为微笑改变许多。

从微笑开始，会学会赏识和赞美他人，不再蔑视他人。微笑会让你变成一个完全不同的人、一个更快乐的人，同时也会成为一个高超的说话者。

怎样练习微笑

微笑虽然无声，但却是最能打动人心的一种语言，能很好地拉近人与人之间的距离。会微笑并非天生，我们生活中见到的很多得体的微笑都是通过一定的训练或是有意识地培养而来的。

前段时间，微信朋友圈里曾流行一个和微笑相关的活动，名曰"微笑挑战"，一时甚为火热。活动方式是在页面左边放上点你的人的照片，右边放上自己的照片，照片中的人都要面带微笑，如此在朋友圈里进行传递，这样每一个参与挑战的人发出来的都有两张并列的照片。

在这项活动中，照片中的人都能给人一种愉悦的感觉，而且每个人都有对比，能发现自己的微笑是否比别人逊色或动人。一般来讲，人们都会挑选自己笑得较为迷人的照片上传，以获得更好的评价。这个活动传递的不仅是友情和好心情，更重要的是，人们在潜移默化中也在练习微笑。

空乘人员在上岗前有一项特殊的训练，那就是微笑专业训练，训练的道具是一根筷子。这种方法我们也可以采用。

练习微笑的第一个阶段是要放松肌肉，要将嘴唇周围的肌肉放松，可以采用"哆来咪练习"。从"哆"音开始，发声到"咪"，每个字发三次音，发音要大声、要清楚，同时注意自己的嘴型。

第二个阶段是增加嘴唇肌肉的弹性。练习时先张大嘴，一直到感觉颚骨受刺激的程度，并且保持这种状态十秒钟。再闭上嘴，拉紧两侧嘴角，如此保持十秒钟，再张嘴，反复三次。在张嘴的同时，还可以仰头，让头颈部的肌肉保持紧张或伸展，如此亦可使颈部的皮肤变得更紧实。

此阶段即可借助筷子练习"咬住筷子微笑法"。方法是：用门牙轻咬筷子，嘴角对准筷子，两边翘起略微呈弧形，同时观察连接嘴唇两端的线是否与筷子在同一个水平线上，如此持续十秒。这样练习的时间长了，会使两边嘴角在微笑时一起上升，让微笑变得干练。

第三阶段是形成微笑，在放松的状态下让嘴角略微向上，在不牵动鼻子、不发出声音的状态下轻轻一笑，笑时下唇迅速并拢到上唇处，以不露出牙齿的程度为好。

第四阶段是保持微笑。如果你找到了最满意的微笑姿势，就保持那个笑姿，进行加强训练，维持半分钟以上。如果笑容仍不太完美，就要看看其他方面有没有问题，例如肌肉是否已真的放松下来等。

最好的微笑不仅是嘴部肌肉的微笑展示，而且连眼神都是散发着光彩的。因此练习微笑时最好口眼结合，口要到，眼也要到。练习时眼部肌肉也要放松，可调动感情，发挥你的想象力，回忆过去的美好事情或展望美好未来，让你的微笑有感而发，这样你在微笑时，眼、嘴以及面部表情都能和谐自然，而不是那种皮笑肉不笑的僵笑。

无论我们是在家中，还是在办公室，只要有零碎的时间，都可以练习微笑。练的时候最好是对着镜子练习，这样我们能够更好地观察自己，随时进行纠正，以及对自己的微笑是否受人欢迎进行评判。有不少推销员每天早晨洗漱时就会花上几分钟时间面对镜子训练微笑，这种方法也是值得我们借鉴的。

总之，如果我们想打开社交之门，拥有一流的话术，微笑是我们必须要掌握的一项基本功。从微笑开始，你将学会赏识和赞美他人，一切都将让你的话语变得与众不同。

微笑之外，谨记谦虚、含蓄

口才是一个人全方位综合素质的展现，你的性格、情绪中的任何一面都可能随着你的话语展现出来。中国人自古以来就崇尚谦虚、含蓄，"谦受益，满招损""虚心竹有低头叶，傲骨梅无仰面花"，说话也一样，自高自大、爱出风头的人很难给人留下良好的印象。

美国著名政治家富兰克林曾为改变自己的言行，列举了自己应该为之行动的十二种美德。可是有一天，有个教徒的朋友委婉地提示富兰克林，说他周围的很多人都认为他过于自傲，常常在谈话中坚持自己的主张，而不太会去考虑别人的感受，还有轻视别人的样子。富兰克林听说后深感震撼。他认识到这位朋友说的是对的，而且当初自己在列出的美德中忽略了这一点。于是，富兰克林立即着手矫正。

从那以后，富兰克林在讲话中总是避免使用一些带有武断性质的口头语。这样过了一段时间之后，富兰克林明显地发现，他在陈述问题时用谦虚的方式说出的话更能被人们所接受，反对的声音随之变少。富兰克林说："我在矫正的过程中遇到了很大的困难，因为我要克服自己的本性。但习惯成自然，慢慢我就习惯了这样的表达方式了。同时，我在改善自己的过程中也处处注意谈话的艺术，我时常压制自己，从而让别人能够更好地展示自己。"

富兰克林的成功不仅是虚心所致，也有宽容、含蓄的效力。虽然在关键的时候，想办法突出自己、赢得他人的关注很有必要，但如果在谈话中使用强硬的态度，遭到别人反驳或敌视的概率将会非常高。说话有张有弛，让话语收敛、变得客气，随时表现出虚怀若谷的样子，更有可能收到良好的效果。

无论说什么话，无论在何种场景之中，无论你的话是有意还是无意，听话的人都有可能会对你的话仔细倾听并且加以分析。在这样的情形下，你的原意很有可能和听者的感受大相径庭。举例来说，当你在叙述一件自以为很得意的事情时，你觉得这样可以表现你的胆量、机警或是某些方面的专长，但听者却不一定是这种感觉，这就要看你运用什么样的表述方式以及你言谈时的表情了。如果你是一副志得意满的样子，别人肯定认为你是在夸夸其谈，假如你平实谦虚地道来，别人才会认为你真的是这样的人。

有些事情可能不适合摆在台面上来讲，这就需要含蓄地进行表达了。含蓄说话能给别人留下余地、不把场面弄僵，能有效避免两不愉快的结局。

三国时期，刘备在彝陵之战中被东吴打得大败，他本人也气急交加，得了重病。到了白帝城时，刘备已经生命垂危。刘备预感到自己将不久于人世，于是紧急召见了承相诸葛亮，做了一番托孤之举。刘备对诸葛亮说："如果刘禅成器，你就好好辅佐吧。如果他不行，你就取而代之。"诸葛亮听完，虚汗淋漓，立即哭拜于地，向刘备表示："臣愿鞠躬尽瘁，死而后已。"

这里，刘备的话就很含蓄。试想，一个人辛辛苦苦打下了江山，谁不想万世长存呢？诸葛亮也很聪明，一下子就知道了这是刘备在对他进行言语试探，于是急忙表了忠心，双方皆大欢喜。假如换一个角度，刘备不是含蓄地说话，而是说："你在这里发个誓，如果夺走了我儿的帝位就不得好死。"那诸葛亮听了肯定不舒服。

含蓄地说话，是不伤和气的处理方式。只有不会说话的人才会尖利地表达自己的意思，结果把别人逼向了死角，自己也没有讨到半分好处。含蓄地说话就应该像刘备那样，表面上听了让人感动，而在聪明人听来是"于无声处起惊雷"，能达到警告的效果。

赞　美

赞美不是奉承

在现实生活中，赞美的效力不言而喻。无论是谁，受到别人的称赞肯定都会感到愉快、感到喜悦。绝大多数人在内心深处都是渴望得到别人的称赞和抬举的。就像美国口才学家威廉·詹姆斯所说："人性最深刻的原则，就是恳求别人对自己加以赏识。"

赞美能让工作和生活富有激情和动力，即便只是一句简单的赞美之词也会让人感到无比温馨。但是，在生活中，许多人却把赞美和奉承等同起来，不愿意用赞美之词去打动对方。其实，这样的人是走进了一个误区。赞美和奉承虽有相似之处，却绝不能等同。

19世纪30年代，美国有一个名叫威伯的电气推销员，他去农村推销用电。在一户富有的农家面前，威伯遇见了一个老太太。老太太一见是电气公司的销售代表，非常抵触，根本不愿意威伯进屋。

威伯再次敲门，老太太在勉强打开一条门缝时，威伯即说："抱歉打扰您了，我这次并不是来推销用电的，而是想来买几个鸡蛋。"老太太听后，消除了一些戒意，把门开得大了些。威伯继续说："我知道您的明尼克鸡种很漂亮，所以想买一些新鲜的鸡蛋。"

老太太听完后，高兴之情立即溢于言表。她和威伯聊起鸡蛋的事情，又带领威伯参观了鸡舍。在参观中，威伯指着老太太家的牛棚说："我可以打赌，您丈夫养牛肯定赶不上您养鸡赚钱多。"老太太被说得心花怒放。

之后，威伯又真诚地说："如果您的鸡舍能用电灯照明，这些鸡将会产下更多的鸡蛋。"老太太这时已对威伯很信任了，没过多久就向电气公司递交了用电申请。

威伯的话实际上就是对老太太的一种赞美，而非奉承。赞美是在不伤害自尊的情况下去抬高对方，不带有任何目的性，而奉承却是在降低了自尊的情况下发生的，一般怀有某种不可告人的目的。奉承的话一般都会显得假大空，让人反感。两者有着本质的区别。

真诚的赞美会让听者喜欢你，而虚伪的奉承却会让很多人远离你。我们在生活和工作中适当地说一些恭维的话很有必要，但是在说这样的话时一定要心里坦然真诚，不然就会流于奉承。而且要注意，在恭维时要恭维别人的行为，而不是恭维别人本身。

对别人行为的称赞，既是鼓励也是肯定，还是一种信任和友好，这也是最容易赢得友谊的方法。在潜移默化的过程中，称赞和恭维别人都是我们人际关系中的一种润滑剂。从某种意义上来说，友谊其实就是一种互相交换称誉的游戏。

与人相交，我们不应吝啬自己的赞美之词。当别人有某方面的长处或是做出了成绩、取得了比较好的效果时，要懂得发自内心地去赞美对方。但是，不管怎样，我们都要将赞美和奉承区分开来。要知道，只有赞美才是无往不利的，而奉承却很可能遭到别人的厌恶与反感。

发自内心，真诚地去赞美

任何人都愿意受到他人的赞美。在人际交往之中，要想别人同意你的观点，采用争辩或是引用一些逻辑定理来坚持你的观点，有时是很难达到效果的。但是，假如你用温柔友善的态度以及真诚的赞美去引导他们，则很可能会获得成功。

西方有一句谚语说："一滴蜜比一桶毒药捕捉到的苍蝇还要多。"对人也是如此，要想取得别人的信任，先要让别人相信你是他们的朋友，就像用一滴蜜吸住了别人的心，这赞美的力量绝不可忽视。

有一个喜欢吃烤鸭的富翁重金聘请了一位厨师，专门为他制作烤鸭。这位厨师制作的烤鸭鲜香可口，味道十分不错。可让富翁奇怪的是，每天送来的烤鸭却只有一条腿。时间长了，富翁忍无可忍，便找到厨师让他给自己一个解释。厨师一听，笑着指向旁边那些缩着一条腿休息的鸭子说："它们就是只有一条腿啊。"富翁气得连拍双掌，受惊的鸭子赶紧伸出另一条腿走到一旁。富翁一见便说："鸭子不是两条腿吗？"厨师仍旧一副笑脸，对富翁说："是啊，要是你早鼓掌的话，那些烤鸭也早就是两条腿了。"

厨师用含蓄的方式表达了自己渴望赞美和认可的心情，可见不要吝啬自己的赞美，要多给别人真诚的赞美。想一想，你是否用恐吓、辱骂教育过你的孩子，用冷言冷语对待过你的朋友，用苛责的语气批评过你的下属？这些方法都太笨拙了，它们会给你带来无法想象的负面效果。相反，赞美会达到"赠人玫瑰，手有余香"的效果。生活在掌声中的人是愉快的，当人们受到别人的称赞时往往会更加卖力地工作、更加快乐地生活。

人在一生中会与不同的人交往，而每一个人都是喜欢被人称赞的，只要你发自真心地去赞美别人，他们就会释放真情。只有用真心赞美，你才能换来真心。真诚的赞美就好像一剂兴奋剂，每个人都乐于接受；不真诚的赞美其实等同于拍马屁，是极其虚伪、肤浅和自私的表现，注定要失败。

最有效的赞美不是"锦上添花"，而是"雪中送炭"。对于那些自卑感很强的或总是被大家忽视的人，他们平常很难听到一句赞美之词，现在从你这里听到了就很可能让他们的尊严复苏、自信心倍增，因此我们更应该多去赞美他们。

一个人身上最应该被赞美的地方不是那些大家都知道的优点，而是他身上蕴藏的、还没有引起大家重视的地方。这样的赞美会让对方觉得你是一个欣赏他的人，从而激发出他无限的创造力。

真诚地赞美别人，就要发自内心地对别人的优点、业绩、语言等感到佩服，然后将其表达出来。而且，赞美时一定不要期待回报，那样就变成了奉承。如果赞美时有这样的念头，就算说得再卖力对方也不会喜欢的。

当别人赞美自己时我们也要学会感谢，绝不能说"这没什么""你不是认真的吧"这样的话。不要对别人的赞美进行辩解，更不能表现出不屑一顾的神情，回报给别人微笑才是最好的选择。真诚是相互的，你的真诚别人是看得见的，没有真诚就换不来朋友，也无法把话局控制在融洽和谐的气氛中。

赞美要具体、要讲方法

赞美别人其实是一件非常难的事。据说销售界的高手在对待自己的客户时总是会花很多时间对客户进行彻底地了解，然后用最合适的方式去赞美对方，这样做往往会使他们的销售一如坦途，取得非常好的效果。

内容明确、有特点的赞美才是让人身心愉悦的赞美。当你赞美一个人的时候，他会希望得到更多的下文。具体而详细地表达你的赞美，既能让对方感到你的真诚，又能让你的赞美更加深入人心。

在赞美的实际运用中，有一种FRE赞美法。F就是Feel，指的是真诚地讲出你的感受；R就是Reason，要指出具体理由；E是Extend，指的是真实的延伸阐述。其中，真诚的赞美和具体地指出理由是必须要有的。如果没有具体的理由就不要赞美；如果找到了理由就一定要赞美。延伸阐述可有可无，加上它的目的是为了锦上添花，让赞美取得更好的效果。

当你在赞美别人的时候首先要在心里问自己一个"Where"：他好在哪里？我佩服他的是哪一点？一定要有具体的内容。

如果赞美一个初次认识的人，只是说"你给我们的感觉不错"这样空泛笼统的话其实并没有什么作用，说完就过去了，也不能给人留下什么印象。相反，如果具体深入一些，对他说："你今天着装得体，待人很有礼貌，我们都对你印象很好。"这样的话才能让赞美的作用凸显出来。

赞美的话越具体，对方越能感受到你对他的关注度。赞美对方漂亮，就要能详细地说出她漂亮的地方，说得越具体化，别人越能感受到你的真诚、亲切和可信。

赞美要是实事求是的，你在赞美之前要想一下，对方听了是否相信，或者是别人听了是否会不以为然、是否会有异议。只有建立在事实基础上的赞美，才不会显得浮夸，才会真的有理有据。以事实为根据也可以引申出对一个人性格、气质、才华、品味等方面的赞美，同时也可以在事实的基础上给予具体的评价，比如"你的歌唱得很不错，有专业歌手的水准"，这样具体的评价可以向对方表明，你的感言是发自肺腑的。在称赞一些事实或一个人的外貌时，也可以采用与名人相比较的形式，比如说："你真漂亮，长得很像周迅。"这样一说，赞美的效果陡然上升。

有时，面对面赞美对方可能不太好，这时就可以通过第三者来予以赞美。比如："难怪张先生一直说你这人很不错，今天一见……果然如此。"这样对方肯定很高兴。借用第三者来进行赞美的方法也更能获得对方的好感，毕竟在一般人的概念中，第三者的话都是比较客观公正的，对方也能深切地感受到你是真诚的。

在具体的赞美之外，也要讲究一些方法才能让赞美达到更好的效果。通常来讲，赞美有五种常用的方法。

一、直言赞美法

这是人们用得最多的一种赞美法，就是把对别人的欣赏、佩服、认同等直言相告。比如老朋友见面时，就可以说："你今天气色真不错。"一句发自内心的真诚的贴心话很容易拉近双方的距离，让人变得愉悦起来。

二、反向赞美法

这种赞美法通常应用于别人做错了某件事情的情况，也就是把原本的指责变成赞美。这看起来很难，但其实也很容易，关键是要找到事情中有益的一面。比如洛克菲勒的一位公司职员曾经因为业务上的失误让公司损失了一百万美元。洛克菲勒知道后没有指责他，而是恭贺他保全了公司所投金额的60%。这位职员听到后极为感动，从此工作更加卖力了。

三、意外赞美法

这是让人感到出乎意料的一种赞美法，会取得让人惊喜的效果。比如卡耐基有一次去邮局寄信，邮局的女工作人员服务态度并不好。这时卡耐基突然说了一句："真希望我也能有一头像你这样漂亮的头发。"女工作人员听后立即转变了态度，对卡耐基的信件也重视起来。

四、肯定赞美法

人人都希望自己的努力得到肯定，因此在别人完成了一项工作或一件事情时，我们可以不失时机地对他表示肯定。比如在一个人的精彩演讲结束后可以给演讲者一个拥抱，并对他说："讲得真是太好了，我们都听懂了。"听到这样的话，演讲者一定会被你打动，他的自信心也会提升不少。

五、目标赞美法

目标赞美法是指给别人树立一个目标，激励他更好地做事。著名的足球教练伦巴迪就曾对一位很有天赋的名叫克雷默的小伙子说："你踢得很好，有一天你肯定会成为国家足球队的最佳后卫。"这句话深深地激励了克雷默，他努力训练，后来真的入选国家队并成了主力队员。

赠人玫瑰，手有余香。在每天所到的地方，我们都不妨多说几句赞美的话。在社会上行走，你一定要懂得"赞美"二字的魔力，它可以改善、润滑你的人际关系，让你走到哪里都受欢迎。时时用使人悦服的方法赞美别人，是博得人们好感的好方法。

应　对

开口之前先看一下对方是谁

有句俗话是"到什么山上唱什么歌，见什么人说什么话"。同样的一句话，并非在每个人面前都能"畅所欲言"，真正高明的说话者在说话前会先看一下对方是谁，然后再在心里判定"唱什么歌，说什么话"。

不看对象说话就像应了"对牛弹琴"这个成语。琴弹得不管有多好，对听琴的牛来说也没有任何意义。说话也一样。话说得再好，但如果对说话的对象起不了任何作用，那也是毫无意义可言的。

鬼谷子在《权篇》中说："故与智者言，依于博；与博者言，依于辩；与辩者言，依于要；与贵者言，依于势；与富者言，依于高；与贫者言，依于利；与贱者言，依于谦；与勇者言，依于敢；与愚者言，依于锐……"这段话反映了看着对象说话的重要性。因此，在开口之前最好将说话对象的身份、年龄、职业、文化修养等方面的情况搞清楚。

孔子带领学生外出游历。来到一个村庄里，众人下马休息。没想到孔子的马挣脱了缰绳，跑到农夫的地里把人家的麦苗啃了，一个农夫将马扣下。见此情景，孔子最得意的学生子贡便上前与农夫交涉。子贡能言善辩，满口之乎者也，可他说了半天农夫却一句也听不进去。另一位刚跟随孔子不久的学生见后，替下子贡，走到农夫跟前说："你不是在遥远的东海种田，我们也不是在遥远的西海耕地。我们相距这么近，难免会有我家的马吃掉你家的庄稼的事。说不定哪一天，你家的牛也可能吃掉我家的庄稼呢。因此我看，我们还是该彼此谅解一下才是。"这位学生的话立马打动了农夫，农夫不久就将马归还了孔子。

因此，选择性地说能让对方"入耳"的话在人际交往中十分重要。说话时要考虑的对方的因素有很多，这些都将是影响我们说话方式的依据之一。

一、查看对方的表情

表情是一个人内心活动的晴雨表。很多时候，我们在说话之前要先对他人察言观色，以免说了他人不愿意听的话。比如聊天时，对方眉头皱起、嘴唇紧闭，这是对方不愉快的表现。在谈话的过程中，有这种表情的人即便嘴上表示了赞同，内心也是不认可的。而一个人要是眉头舒展、眼神炯炯，则说明对方心情愉快，我们可以畅所欲言。

此外，体态语也是需要注意的一面。假如对方双臂交叉于胸前，这是防卫的姿态，表明对方对你怀有某种敌意。如果对方不只是双臂交叉，还双拳紧握，则说明他快到恼怒的地步了。相反，如果说话的对象的双手是摊开的，则说明他是坦率真诚的，值得直言相告。

二、查看对方的身份

说话的时候，对方的身份也是选择语言时必须要考虑的一个问题。不分对象、不看身份地说话是愚者的表现。通常来讲，对身份、地位比自己高的人要采取客气有加的方式，比如对待自己的上级、长辈、老师或是社会上有名望的人都是如此，尤其是在公众场合，一定要恰如其分地保持自己语气的"度"。

反之，对身份地位比自己低的人则可以稍稍随和风趣一些，但是绝不可以表现出傲慢、不屑的神情。

三、查看对方的性格特征

性格是一个人对人对事表现出来的心理特征。通常来讲，富有激情的人，他们的内心活动总会显露于外；冷静持重的人，他们又往往沉默寡言；大大咧咧的人，他们则表现得漫不经心。对于这些性格不同的人，在和他们说话之前，都要具体分析，区别对待。采用与对方性格相同的说话方式，将很容易让谈话取得一拍即合的效果。比如，要对作为服务员的A小姐和B先生进行接近顾客的劝导。A小姐害羞，就要对她采取鼓励的谈话态度，B先生好辩，就要在谈话时劝他容忍。同样的谈话目的，采用的方式不同，就是因为他们的性格不尽相同。

四、查看对方的知识水平、语言习惯、兴趣爱好

要好好说话，就要将每一句话说得恰如其分。对方的知识水平、语言习惯、兴趣爱好等都可以成为我们选择性说话的依据。选择正确的说话方式会带来意想不到的效果。面对一位潜心研究学问的学者时，就不能对他畅谈股票行情；面对一位牧马的农夫时，也不能对他大说四书五经。对知识分子，可以用文雅的话语；对工人，可以说得爽快直接；对乡下的农夫，则可以说得通俗朴实一些。对于对方感兴趣的事物可以多说一些，引发对方的共鸣。

说话是双向的，有语者，也有听者。说话的难处，就在于要不断地去揣摩对方，但这又是话术高手必须要掌握的能力。如果用同样的声色向不同的人说话，这样的人定是不会好好说话的人。

永远记得"投其所好"

中国有句古话，是"知己知彼，百战不殆"。每一次对人说话都像是一场

博弈，要想每说必中对方的心意，就要说对方愿意听的话。"话说对了，事就成了"，把话说到对方心窝里，说他们爱听、愿听的话，你的话才能在对方心中发生作用，离成事也就不远了。

好好说话不等于吹牛，不等于可以在说话时无所顾忌地任意乱发挥，而是要让听者愿意听你讲话。要想让听者信服，不在于说话的多与少，而在于说话的技巧，也就是说出他们心中所想的，找到共鸣点。没有这样的习惯，永远说不好话。

古时候有个富翁，年轻时好利，要是有谁向他提供致富的法子他必然拱手相迎，秉烛而谈。到了老年，他开始转为好名，富翁的转变并不是人人皆知。某日有一人登门向富翁讲解生财之道，结果富翁听得全无兴趣，呵欠连天。待他说完，富翁只是淡淡地说："我不要再发财了，正想谋求散财之道呢。"这人一听，出乎意料，只好没趣地离开了。

上面故事的结果还算好的了。有时我们说话会完全偏离对方的兴趣点，这样对方可能十分瞧不起你，以后还想亲近对方时必然难上加难。

没有人会听一个不关心自己的人夸夸其谈，人们都想和那些与自己有共同话题的人交往。因此，要想在说话的博弈中成为取胜的一方，就必须学会投其所好。

作为倾听者，首先你得了解对方的情况，也就是了解说话者最近的经历和生活状况。如果你的朋友向你倾诉了伤心事，想从你这儿找到一些安慰和同情，你就绝不能自顾自地说些自己志得意满的事。就算你的本意是想用自己的事鼓励他，但在对方看来就是一种十足的伤害，是火上浇油之举。假如对方生活困难，你也不能大谈环球旅行及高尔夫球这样高档的娱乐活动。因此谈话的时候最好找到对方的生活观点以及生活愿望，从这里出发，走进对方的心里去。

其次是要有一定的经验。在谈话中，对于对方感兴趣的话题可以先做准备。当对方谈到某一件事时你最好能够有所认识，不然你说出的话或做出的评论肯定缺乏吸引力。在交谈的过程中，一个人的心理状态可能有起伏变化，对此我们要根据自己的经验予以判定。我们说话的内容要兼顾对方的心理活动，不看对方的态度贸然开口等于瞎说，起不到丝毫作用。做到谈话的内容和听者的心境相适应，才能达到交谈的目的。

比如在黄昏时刻，擦鞋的小童对青年客人说"你好，约会前请先擦下鞋吧"就比说"你好，我给你擦下鞋吧，保证又光又亮"来得好。虽然后一句话有质量上的保证，但却没有注意当时的客人的心理。因为"人约黄昏后"，黄昏时分是一个充满温情的时刻，也是青年男女们约会的极佳时辰。既然是约会，自然想以清爽的样子示人，因此"约会前请先擦下鞋吧"这样的用语就很容易深入到客人的心里，让他们愿意为小童掏出擦鞋钱。

再次要区别对待你的听者。如果对方是性格外向的人，可以和他侃侃而谈；如果对方是性格内向的人，就要注意对他循循善诱。

谈话的时候最好学会换一个角度，设身处地地站在对方的角度去思考，看他们想听什么样的话，然后有的放矢、投其所好，这是讲话时捕获人心的不二法则。

打开他的话匣子

在很多场合，我们遇见了很多不同的人，想要和他们建立关系。但是，让我们苦恼的是不知道如何打开对方的话匣子。让对方打开话匣子这块"坚冰"

不破，后面的话题就无以为继。

在和人们的交流中，我们一定要建立这样一个观念，"我跟任何人都可以愉快地进行交流"。交流时首先自己不能胆怯，这也是我们前面讲自信训练的原因。有了自信以后再加上主动出击，你就迈出了撬开别人话匣子的第一步。不管在什么样的场合，最好不要等待别人来找你，学会主动出击，你的交友圈才会变得宽广起来。

在讲话的过程中，绝不能将听者看成固定的信息接收器。说话是一个双方互动的过程，每个人都在做着听者和言者的转变。如果能将对方谈话的兴趣调动起来，那对谈话来讲就是有意义的。

打开对方的话匣子，需要我们明确以下几点。

一、不妨从对方最得意的事情谈起

一个人对于自己最得意的事情自然也喜欢被人提起。在谈话之前，如果能够事先打听出对方的得意之事，不妨从它"下口"。在情绪正常的情况下，对方一定会很高兴地听你说。

在说对方的得意之事时，要加上适当的赞美之辞，但不可过分赞美，否则会引起对方的不安，觉得你虚伪。对于事情（对方的得意之事）的关键点要慎重提出，可以加以适当的评论，这样有助于拉近你们之间的距离。消除了对方对你的戒备之后，他一高兴就会亲自阐述此事的来龙去脉，之后的话题继续也就很轻松了。

而要想知道对方的得意之事，可以问问他周围的朋友，也可以观察他平时在人前谈话的内容，或是留心与他有关的消息，很可能从中发现一些不错的话题。

二、谈论对方真正感兴趣的东西

谈论对方感兴趣的东西是让话题深入的关键，也是接触对方内心世界的良方。美国前总统罗斯福就是这样的人。罗斯福在访客到来前会详细地翻阅访客的资料，对他们感兴趣的东西特别在意。因此，不论对方是牧童、骑士，还是纽约的政客、外交家，罗斯福都能和他们相谈甚欢。

三、使用对方熟悉的事例

在谈话时，应该尽量使用对方熟悉的事例来阐明你的观点，这样才能让对方更好地理解你的话语，并让对方和你有话可谈。

曾有门徒问耶稣："为什么你总是喜欢用比喻来给大众讲道理？"耶稣回答说："因为他们虽然在用眼睛看，却看不见，虽然在用耳朵听，却听不见，这样他们自然就不了解了。因此要用他们身边的事情做比喻，去说服他们。"如果说话的过程中我们说到一个对方不熟悉的话题，这时就要把这个话题和对方已知的、熟悉的事情联系起来，这样才更容易让对方理解。

四、不要使用专业术语

专业术语最好用在内行人的交谈中，与外行人谈话则不宜采用。假如你是一位律师、医生、经济学家，当你在向外行人介绍专业知识时应该说得通俗一些，即便要用专业术语也应该补充合理的、易懂的解释。

场合不同，说的话也不同

说话是要分场合的。心理学家告诉我们：在不同的场合，人们对别人的话语会有不同的理解和感受，并且会表现出不同的心理承受力。

举个简单的例子，同样是批评人，在公众场合就是不适宜的，因为那会让被批评者觉得丢了面子，引起他的反感。但是，如果将批评的话语放在只有批评者和被批评者的环境中，被批评者就会很容易接受。

所以，我们在讲话的时候一定要考虑到场合的因素。为什么这么说？怎么说？都要做到心中有数。

"说什么"指的是我们说话的内容。在不同的场合，说话的主题也有不同的变化。"怎么说"是指怎么把心里的话表达出来，在不同的场合中，需要我们采取针对性的说话技巧。

在特定的交际场合中，我们要关心当时的人和当时的场合。在每次的交际活动中，都应事先对场合的大小、参加人数的多少以及参加人之间的相互关系做个初步的了解，确立自己说话的方式和内容。在交际场合中，既要考虑自己的交际目的，又要顾及参加人员的心理，要做到主客观的一致性。

有的人说话喜欢直来直去，不管在哪儿说话都是同样的套路，他们很诚实，认为有话就要说出来，未曾想最后却冒犯了别人，费力不讨好。有时候，即便你说的话是出于好心，也需要注意场合，该说的说，不该说的要闷在肚子里。心直口快的人尤其要注意这一点，尽量摆脱自己口语表达上的惯性，想一想再开口，从而最大限度地实现与交际对象的沟通。

同时，在交际场合中还要控制自己的不良情绪。有的人喝完酒或是遇到兴奋的事情时情绪就会激动起来，甚至会忘乎所以，说出不合时宜的话。因此，在特定场合中我们都要努力控制自己的情绪，千万不要让我们的话语变得不着边际，甚至违背场合的气氛。

一般来讲，我们说话时需要考虑的是以下几种场合：

一、自己人场合和外人场合

我国的传统文化一直比较重视内外有别，如果在某个场合中参加的人员都是自己人，这时是可以无话不谈的，也基本不用顾忌。但是如果在这个交际场合中有外人时就得当心。有外人在时要谨记"逢人只说三分话，未可全抛一片心"，有些话是不能全盘托出的，同时还得根据外人的身份、地位、性格特征等，选择适合的话语。

二、非正式场合和正式场合

正式场合一般来讲都是比较严肃的，事前需要做好准备，说话也需要更加谨慎，可使用一些书面化的语言。相对而言，非正式场合的氛围要宽松一些，说话也相对随意一些，可以像聊家常一样闲聊。

三、庄重的场合与随意的场合

想表达同样的意思有不同的表达方式，有些话适合在庄重的场合里说，有些话则适合在随意的场合里说。比如"我特意来看你"就比较庄重，"我顺便来看看你"则比较随意，多用于日常生活中。对待同事说话可以随意一些，而对待上级、领导就不能大大咧咧。

四、喜庆的场合与悲痛的场合

喜庆的场合与悲痛的场合很好区分。参加一个婚礼时就不能说让人心情沉重的话。同样，在一个悲痛的场合中也不能说逗乐的话。

道家讲玄机，佛家讲禅机，兵家讲天机，商家讲商机。能够在说话时顾及时间、地点和对象的人才能够抓住说话之"机"。话随境迁，懂得在不同场合说不同的话的人才是话术高手。

第五章
不妨比别人说得更"艺术"些

　　口才是一门学问，也是一门艺术。高明的讲话者讲话都很"艺术"，他们有着高超的说话技巧，能够跳出普通人讲话的俗套。这些技巧也是我们练习讲话时需要好好学习的。

正话也可以反着说

"良药苦口利于病，忠言逆耳利于行"，忠言必然是逆耳的。在人际交往中，听不得逆耳忠言的人占多数。如果我们实话实说，很有可能就会引起对方的反感，让沟通无法继续进行下去。

其实，有的时候直言相告，我们自己心里也会打鼓。比如跟上司提意见时，这种话就不方便直接说出来，得罪了上司于己不利。这样的情形下，有必要采用"正话反说"的语言技巧。

楚庄王的爱马死了，楚庄王十分伤心。楚庄王不顾大臣们的强烈反对，下令以上等的棺木和大夫的礼节来葬马。为了避免大臣们进谏，楚庄王甚至下了一个命令：谁要是敢反对，一律处死。

这是一个让大臣感到棘手的问题，为了国家大义当然该谏。但是怎么谏却没人能找到一个好方法。优孟站了出来，他穿上重孝，走进大殿，对楚庄王失声痛哭着说："那马是大王最喜欢的马啊，如只以大夫的礼节安葬，岂不是太寒酸了吗？"楚庄王听了很高兴，优孟又接着说："请以美玉雕成棺木……让各国的使节共同举哀，这样才能符合它的身份。各国的诸侯也都会以为大王将马看得多么尊贵，而将人民看得多么轻啊。"楚庄王听完，才知道自己犯了一个严重的错误，于是决定不再将马厚葬。

试想一下，假如优孟直言相告，虽然让人肃然起敬，却可能很快激怒楚庄王，遭遇赐死的噩运。而像这样因势利导正话反说，不仅性命无虞，反让人拍案叫绝。

正话反说，意即口头上讲出来的话其实和内心表达的意思相反，如话语是肯定，其实意义上是否定；话语是否定，意义上则是肯定。在遇到不便、不忍或是语境不允许我们直说的时候，我们就要把"词锋"隐藏起来，从一个完全相反的角度去将真实的意思阐释出来，往往能够出奇制胜，达到想要的效果。

比如，在商场中，妻子相中了一件鲜艳的衣服，要让丈夫提意见。可是丈夫却觉得妻子不适合穿这身衣服。如果丈夫不顾及妻子的感受，可能会直接批评妻子："你有什么审美观啊，怎么能看上这样一件衣服呢？你穿上活像一个老妖婆。"妻子听了肯定不高兴。相反，如果丈夫正话反说："不错，这件衣服颜色鲜艳，要是给女儿穿肯定很合适。"这样说既不会伤了和气，也让妻子明白了自己不适合这身衣服的事实。

正话反说，可以像优孟一样采用一点夸张的手法，让对方自己去理解；也可以把话说得很幽默，让对方在闻言一笑中意识到自己的问题。

著名主持人孟非有一次和朋友一起去咖啡店喝咖啡。等咖啡被端上来时，店家突然认出了孟非。见名人光顾，店家客气地请孟非为咖啡店提一些意见。孟非看着面前差不多只有半杯的咖啡，笑着对店家说："我有个法子，能让你一下子多卖出去两杯咖啡。"店家喜笑颜开，立即竖耳恭听。孟非于是说："你只要把杯子倒满就好了。"店家一听，不好意思地笑了。

孟非正话反说，幽默的话语起了很大的效果。借助这种幽默又不伤和气的话语，让店家意识到了错误，并且很容易接受这样的"批评"。

真理再向前一步就成了谬误。同样，只要把反面的话稍加引申，就能把自己想要表达的意思反映出来，这样既让对方容易理解还不伤感情，自然能使对方改变原来的主意。正话反说是一种策略，我们都应该有这样的交际意识，这对打磨我们的人际关系是非常有必要的。

恰到好处的幽默

幽默在人际交往中有着十分重要的作用。它生动有趣又意味深长，能让听者愉悦，给别人和自己都带去美好的体验和回味。生活中有了幽默，一切痛苦和不愉快的因素都会远去。幽默也是一个人智慧和迅速反应能力的表现。在交谈中，幽默起的是润滑剂和兴奋剂的作用。

在谈话陷入紧张局面时，幽默是最能化解这种尴尬的，它可以感化别人，让局面得到缓和，幽默会使气氛重新活跃起来。

二战期间，英国首相丘吉尔在美国会见了美国总统罗斯福，其目的是求得美国的军事和物资上的援助。在会见期间，丘吉尔受到了热情的款待，可罗斯福却对他的请求置之不理，谈判一时陷入僵局。

某天，丘吉尔在下塌的酒店泡澡，抽着他那标志性的雪茄。此时罗斯福推门进来，见到丘吉尔在浴缸中露出大大的肚子。在这种情形下，丘吉尔立即扔掉烟头，以幽默的语调对罗斯福说："总统先生，我这个首相在您面前可真是一点也没有隐瞒啊。"话毕，两位世界名人同时哈哈大笑起来。

丘吉尔巧妙地化解了此次的尴尬，同时他的幽默语带相关，借此机会含蓄地向罗斯福表明了自己的观点。这次对话打开了谈判的僵局，拉近了彼此的距离，双方友好而又愉快地坐在了谈判桌前。不久，美国就正式答应了英国的请求。

如果你在谈话中能适时地加入幽默，那么别人对于你一定会是十分欣赏的。有时候，一句幽默的话就像一束温暖的阳光，能够驱散重重的阴霾，让不愉快的心情顷刻间变得烟消云散。另一方面，语者也会因为这些有趣的笑料和他人建立起良好的关系。

幽默并非辛辣的讽刺，而是有意无意的轻松诙谐。在话术中运用幽默时，说话的人一定要谨记：不要乱用幽默，不要用幽默去嘲讽别人。幽默一定要真诚，而不是一味的滑稽，幽默也要讲究礼貌。

幽默的内涵很广。文雅、高尚、文明的幽默我们应该常用；低级庸俗的幽默不仅起不到相应的效果，还会遭人反感，于谈话无益，我们应该果断地拒绝。

幽默也要注意场合和说话的对象，有时一句看似很好笑的话，你今天对别人说别人可能会笑得前仰后合，但是明天给人讲就可能毫无用处。在悲痛的场合同样不能滥用幽默。在运用幽默说话时，有必要先了解你的听众。同时，对自己的心理状态也要多加注意，幽默不能语带锋芒，不能揭人隐私，不能有嫉妒、高傲的成分。

可见，要用好幽默是一门艺术，它需要我们有广博的知识和丰富的社会经验，需要我们能准确把握时机，需要我们有高尚优雅的风度、乐观轻松的情绪，并且还要有良好的语言表达能力。幽默的方式很多，在这里我们简单列举一些，以便语者合理地加以运用。

一、返还法

返还幽默法即按照对方的逻辑去理解和推论，由此及彼，最后将别人的错误逻辑返还给别人，让别人意识到自己的问题。

球王贝利成名以后给球迷们赠送过各种各样的礼物：球衣、明信片、护腿、球鞋等，不一而足。可有一次，一位足球俱乐部的老板却请求贝利给他几滴血，说是要注入自己球队的中锋身上，以增强球员意志。贝利听后，风趣地说："先生您能否送我几滴血呢？这样也能增加我的财气啊。"

二、自嘲法

在尴尬的场合中，用自嘲的方式可以平添风采。会自嘲的人不掩饰自己的弱点，反而是拿自己的弱点来开玩笑，给人一种坦诚有趣的做人态度，更容易被人接近。自嘲不要采取玩世不恭的态度，它包含的应是积极的因素。它表现的是说话者貌似消极、实为积极的态度，是促使交谈向着更好的方向发展的一种手段。当然，自嘲也要审时度势，在对话答辩、座谈讨论、调查访谈中不宜采用这种方法。还要选择合适的自嘲特点，比如有老人在场，就别拿年纪自嘲；有胖人在场，就别拿体重自嘲。说话之道，也是为人之道。

爱因斯坦第一次来纽约时，虽有学识却从不注意自己的穿着。某次，他在大街上遇上一位老友，老友提醒他该穿得正式一点。爱因斯坦便自嘲说："没关系，我刚来这儿，还没几人认识我。"几年后，爱因斯坦声名大噪，但仍然保持着破旧的穿着。某次他又碰见了这位朋友，不等对方开口，爱因斯坦又自嘲说："这次更不用换新衣服了，因为全纽约的人都认识我了。"爱因斯坦巧妙地用自嘲向朋友表达了自己宽广大度的胸襟气度。

三、对比法

利用对比的方法，可以将事物不一致的方面揭示出来，向人们展示自己的不同。比如古罗马政治家西塞罗就常向人们说："我这个人什么都不缺，唯独缺了财富和美德。"向人们展示了自己谦虚的风范。

四、夸张法

有时把话说得夸张一点，不仅可以逗乐，也能让听者印象深刻。比如姜昆说的："好家伙，那月饼硬得，一摔马路可以砸出两个大坑。"

五、转移法

有时把一个表达方式的本义扭曲成另外一种意义，也能达到幽默的效果。比如空姐要求乘客系好安全带，开始说："请大家把安全带系好。"过了一会儿，空姐又重复提醒大家："请大家再把安全带系紧点吧，很不幸，我们的飞机上没有食品。"

总之，我们应该在合理的场合合理地运用幽默。有了幽默，人际间的沟通会更顺利，更能达到我们想要的谈话效果。

学会讲故事和运用比喻

在当众讲话时，枯燥苍白的语言最难引起听众的兴趣，而若是会讲故事或运用比喻，则能使讲话的效果大幅度增强。

有句老话讲"事实胜于雄辩"。故事对于听者来说喜闻乐见，不但增强了语言的感染力，更重要的是它能把一些虚无缥缈的事情变得有形有色，便于听者理解。而且我们在说话时可能会遇到一些很难用语言去表达的事情，这时就更要注意合理运用故事的效果了。

海尔总裁张瑞敏就说："提出一个新的观念也许不算困难，让别人认同才是最困难的。我常常想，《圣经》为什么会在西方深入人心，靠的就是里面一个个生动的故事。"故事轻松、愉快，容易让人理解，沟通自然会变得顺利，还有很强的可信度和说服力。

香港富豪李嘉诚早年办塑胶厂时，刚开始的时候生意很火爆。后来由于产品供不应求，塑胶厂渐渐忽视了产品的质量，只讲究数量。结果，客户退货的现象越来越严重，随之而来的是银行的催债、客户的追款等。李嘉诚的经营陷入了艰难的境地。

一天，李嘉诚的母亲庄碧诚给他讲了一个故事："咱们老家开元寺的住持元寂年事渐高后，想找一个继承人。一寂和二寂都是他的徒弟，但选谁更合适呢？为了试探两位徒弟，元寂给了一寂和二寂各一袋稻谷，让他们种下，说来年秋天谁种出的稻谷多，谁就是合适的接班人。第二年，一寂挑来满满一担稻谷，二寂却两手空空。元寂一见，立即宣布二寂是他的接班人。一寂不服，元寂便当着众人的面说道："这些稻谷都是事先煮熟过的，根本不能发芽、生长、被收割。显然，二寂为人诚实，理应做下一届的住持。"

说完，庄碧诚话锋一转，谆谆告诫李嘉诚："经商就好比做人，人应该以诚信为立身之本，这样就没有危机是不能攻克的。"听了母亲的话，李嘉诚幡然醒悟，重新以产品过硬的质量赢得了用户，也化解了自己的危机。

我们每一个人都是听着故事成长起来的，故事的教导作用显而易见。说话时也是如此。讲话时利用故事作比，能使话语生动形象、通俗易懂，对方也愿意听。相反，枯燥空洞的语言苍白无力，听者自会反感、抵触，于话局无益，还平白枉费了口舌。

给人提建议也是，古人说"忠言逆耳利于行"。直接提出建议很难让人接受，但如果把意思包含在故事中，就比直接向人提出忠告的效果要好得多。

一位社会学家说21世纪是"说书人"的世纪，说书人的必杀技就是生动的故事。因此我们要想让谈话取得成功，也不妨多说说故事，这样你的谈话也会变得像故事一样生动形象起来，不知不觉中听者就相信了你的观点，接受了你的思想。

比喻的效果和讲故事一样，也是突出讲话效果的一种手段。比喻就是打比方，说明一个事物时不直接去说，而是通过描述另外一个相似的、人们相对比较熟悉的事物，来达到启发联想和触类旁通的目的。巧妙地运用比喻，能够给说话者的语言罩上一层绚丽的外衣，让语者的话语更生动，听者也更容易理解。

爱因斯坦发现相对论以后，由于相对论的理论过于深奥，很多人都不明所以，纷纷向爱因斯坦咨询相对论的原理。这时爱因斯坦就巧妙地运用了一个比喻来说明这个问题，他说："所谓相对论，就好比你和你的爱人一块儿坐在火炉边，由于富有情趣，几个小时过去了你却感觉好像只过了几分钟。而假如是你一个人坐在火炉边，由于毫无情趣，几分钟的时间也会让你感觉像过了几个小时一样。"相对论这样高深的学问，被爱因斯坦用一个简单明白的比喻就讲透了。

作为一种常用的说话技巧，比喻在我们的话局中经常被用到。但是在运用比喻时也要注意，拿来作比的对象一定是要与我们所说的东西相近的。没有相似之处的东西就没有可比性，如果作比对象与所要说明的事物风马牛不相及，必然适得其反。而且，比喻的对象要是我们在生活中经常遇到的对象，这样才能使语者说的话更加通俗易懂，不需要解释听者就会自明。

说在明处，点在暗处

在我们平常对说话的理解中，话语是要说得准确、清楚的，但在口才高超的人们眼中却并非如此。在生活中，想必我们都遇到过这样的情况：有些话实在是不便明说，但又极想表达出来，这时就要采取一种软化的策略，把一些话说得不那么直白，而是带有一定的含蓄性，这样反而更容易让听者明白，说者的语言也会更具有魅力。

曲径通幽，是口才艺术的一种表现形式。有的时候需要从侧面切入进去，把自己要表达的意思点在暗处，让听者自然地去理解清楚，达到我们想要的效果。

19世纪时，意大利著名作曲家卡西尼有一次去一个朋友家做客，正好遇上另一个作曲家带着自己的作品来向卡西尼请教。卡西尼只看了一眼就知道这个作曲家的曲子其实是七拼八凑而来的。可这个作曲家还不知好歹，一个劲儿地问卡西尼自己的作品如何。卡西尼实在是不耐烦，只好不停地脱帽。那位作曲家见此，不明所以地问："您好，是这里太热吗？"卡西尼听后，回答他说："不是，我有见到熟人后就脱帽的习惯。在阁下的曲子中我见到了太多的熟人，所以只好不停地脱帽了。"

在这里，卡西尼便用了说在明处，点在暗处的语言技巧。他用"那么多熟人"的话语点出了这位作曲家的曲子缺乏新意，有太多的抄袭，但又没有伤及他的颜面，让他自然地体会到了话语中的意思。

说在明处，点在暗处也可以说是一种声东击西的口才技巧，在回击或反驳一些错误的观点时会显得特别有力。

不仅如此，这种表达方法在生活中的说话方式中也很常见。比如你去拜访一位朋友，朋友好客，拿出了家里很多的水果招待你，并且热情地请你多吃。然而，此时你并没有胃口吃下这么多的食物，但又不好意思明说，这时不妨就这样告诉朋友："谢谢，多好的水果啊，可惜我刚刚饱餐了一顿，实在是吃不下了。"这样说出来既不会伤及朋友的颜面，也会让朋友明白你真实的意思，一举两得。

作家孙犁在作品《荷花淀》中也有过这样的描写。几位妇女的丈夫参了军，很久未回，大家都很想去丈夫的驻地探望。可是这样的话实在不方便说出口，便各自找了些理由。比如："我本来不想去的，可我的婆婆非要我去看一下。"这些妇女委婉地表达出了自己的意思，也达到了自己想要的效果。

因此，在一些特定的场合，当我们并不方便将真实的想法向某些人吐露的时候，都可以采用说在明处，点在暗处的手法达到目的。当然，这种明说的话要通俗易懂，说得太深奥了，暗处的意思点不出来，那也不会起到任何作用。

有的话需要"拐拐弯"

　　直言伤人，这应该是人际交往中的共识。但是，有的"直言"又是需要我们必须说出来的，并且一定要让对方明白。那这个时候怎么说对方才会听就是一个很大的学问。

　　这时候需要我们说话委婉含蓄一点，将所要表达的意思"拐拐弯"。就好比理发师在给客人刮胡子时从来不会直接下刀，而是先在客人的面部涂上一层肥皂水，这样不仅不会让顾客的脸受伤，而且刮胡子的效果又能显著增强。委婉含蓄说话的意味也在于此，这样的说话方式不仅能让沟通更加顺畅，甚至效果也比直言相告好得多。

　　北宋时期的张咏是个极富智慧的人，他和当朝宰相寇准是好朋友。他心知寇准虽算是奇才，但在学问上的修养还不够，决定让寇准明白自己的劣势并予以纠正。

　　恰巧某一天，张咏和寇准见了面。他乡遇故知，二人自然感怀，凑在一起谈了良久。言谈之间，寇准诚心地请求张咏给自己提提意见。张咏心中早有所想，正要直言相告，但话到嘴边又咽了回去，毕竟寇准身为宰相，自己只是一任地方官，如果明说，难免会引起寇准的不满。

　　张咏想了想，便隐晦地对寇准说："《霍光传》不可不读啊。"说完便不再往下说。寇准当时并没有听懂张咏话中的意思，直到后来找到《霍光传》读罢才发现，原来文中有"光不学无术，暗于大理"的话，这是张咏在借此文劝自己多读些书啊。

可见，"拐拐弯"的说话方式真能让我们省去很多麻烦。尤其是在外交场合更是需要注意。我们要明白的是，在很多场合，说话的重要性不在于说得多，而在于说得精，能让别人明白你的真正意思即可。

话说得太直白在多数情况下都算不得是好事，不要想当然地去做那个"心直口快"的人。当别人问你"有何指教"的时候，一定要谨记不要轻易地下结论、说看法，最好先客气一下，回答他说："谈不上指教，有些话不太好说，如果说错了，请不要介意。"先说一些预设后果的话，当话语真的伤到人的自尊心时也方便圆场。当然，更好地还是采取旁敲侧击的方式，隐晦地进行点拨，效果将会更好。

委婉含蓄地表达意见，不是含混其词，而是隐蔽地说出自己的观点。在实际讲话中，我们可以用一些好听的词语来代替直白的词语。比如，不说人"肥胖"，而是说"福相""富态"；不说人"瘦"，而是说"苗条""清秀"；不说人"老女人"，而是说"资深美女"；不说"臭"，而是说"有些味道"。这样委婉地说虽然意思都差不多，但听者只要稍揣摩一下就能明白你说的意思，同时又顾及了他们的颜面。在替人办事时也要尽量避免说"不行"，而用"可能不好办"这样的话语来替代。此外，也要注意不用"但是"，而用"同时"，比如"你与客人的沟通还不错，但是你的语气比较硬"就比较伤人；而"你与客人的沟通还不错，同时你的语气如果能再柔和些的话，效果就会更好"，这样说更容易让听者接受。

有些欲成大事者在乎的不是虚名，他们极可能过多地直接与人辩论，非要用自己的观点把别人说服。如果你是那样的人，你痛快了别人却不爽了。如果你有好主意要告诉别人，也千万不要一上来就采取直接讲理、咄咄逼人的态势，而是要尽量委婉一点，尽量绕个弯儿去提醒对方，这样才容易取得成功。越俎代庖是职场的大忌，也是当众讲话的大忌。

动之以情，晓之以理

唐代诗人白居易在《与元九书》中写"感人心者，莫先乎情"，讲话也是一样，只有我们怀着真挚的情感、站在对方的角度、围绕对方的利益把话说透，才能让对方觉得你讲得确实有道理。

好好说话，并非完全依靠锋利的词锋、缜密的思维、铿锵有力的语调，还必须动之以情，晓之以理，用话语中的感情去打动对方。

18世纪中叶，北美地区的殖民地人民要求独立的呼声高涨，英国殖民者为了镇压他们的反抗，不断对其进行打压。在此关键时刻，美国的著名政治家帕特里克·亨利站了出来。

在一次州议会中，亨利没有痛斥国内的一些投降主义，而是称赞他们有"才干和爱国之心"。他心平气和地告诉大家："国家正处于兴败存亡之际，每个人都有每个人的见地，我的发言也不是对先生们表示不恭，我们应该允许大家各抒己见，只有这样，我们才有希望得到真理，才可能对上帝和祖国尽神圣的职责。"在话语的开头，亨利就用了这么一番"动之以情"的话语，缓解了与自己政见不同的听者们的抵触情绪。

但是亨利也明白，光是靠调动大家的感情是达不到目的的，还要说服大家拿起武器，与英国殖民者抗争，才能让美国获得新的希望。于是他又用严谨的道理告诉大家：“我只有一盏经验的明灯，历史已经证明，英国向北美派来舰艇和军队并不是要给我们和平，这些战争的部署只是为了让我们屈服。有人说我们的力量太单薄，不能与敌人抗衡。可是，我们要何时才能强大起来呢？明天？还是明年？难道要等到我们全都缴械，家家户户都驻扎着英国兵的时候吗？难道我们就这样高枕无忧，紧抱着虚无缥缈的和平幻想不放，直到敌人把我们的手脚都束缚起来的时候，才能获得有效的防御手段吗？”

亨利用一番严密、无可挑剔的理论说得大家心服口服，同时也调动了大家的情绪，反对的声音沉没了，全场响起了“拿起武器”的呼喊声。这场“寓情于理”的演讲，亨利终于取得了完胜。

动之以情，能够激发人们内心深处的温暖情感，先软化他们的心，把劣势扭转过来，然后再加以严密的理论支撑，达到说服对方的目的。通情是达理的基础，如果不先从心理上做好沟通，上来就是长篇大论，只会招人反感，听者是口服心不服。

有理不一定能赢，通情达理才能完美收场。说话是为了表示某个意思的，如果你想打动别人，首先要动之以情，如果你想说服别人，就一定要理论充分，站得住脚。但是，如果两个人在情感上已经有了某种共识了，这时就不必再动用感情了，只用理论去说服就可以。

动之以情，晓之以理在商业推销中的作用尤其明显。销售员在推销一件产品时首先要动之以情，在看到对方有松动的迹象时马上瞅准机会，搬出一些理论来加以说明，生意就很容易达成。

同样，我们在说明一个道理时，首先要从理论上分析其有没有可行性。如果你说的理由是不充分的，连自己都不能说服自己，那又怎么能让别人相信呢？不过，就算你的理论很充分，说话时也要考虑别人的利益，最好能站在对方的角度把这些话说出来，"替对方考虑"，这样成功的可能性才会更大。当出现争论、谁也说服不了谁的时候，就有必要重新启用情感，动之以情，晓之以理，把对方带入新一轮的情感漩涡中去，才有可能让谈话出现新的转机。

用真情实意去安慰别人

在生活中，我们经常会遇到一些需要安慰别人的场合。如果你是一个善于安慰别人的人，朋友们肯定愿意来找你倾诉，你的人际圈也会因此扩大很多。同时，安慰了别人，使别人得到了满足，你自己心里也会得到很多的快乐。

安慰别人的重心是"温暖人心"，最好的结果是"在温暖别人的同时，还能给别人提供一套不错的解决方案"。这一点，著名笑星郭德纲是做得不错的。

郭德纲创办了德云社，前前后后收过很多弟子。郭德纲对每一个弟子都很上心，每到年终时，郭德纲都会问弟子们："你们有没有谁想出去闯闯的？有没有谁还想留在这儿的？"在郭德纲的眼中，德云社不算是大舞台，社会才是大舞台，他从内心里渴望弟子们能出去闯出一番成就。

如果有弟子出去闯了，但没有什么成就，郭德纲就会安慰弟子："现在的老百姓可灵了，他们不会上你的这个当。"接着，郭德纲会说一些鼓励弟子们的话，然后分析他们没有成就的原因，找到他们各自发展中的症结，这样他们再出去表演时就会有一种新的风格。

可以说，单纯从安慰人的角度来看，郭德纲的情商很高。

安慰是从倾听开始的。由于每个人的生活经历、人生阅历都不同，因此每个人对于事物的看法也有差别。我们要在倾听中找准对方的感受，理解他们的苦恼，这是安慰别人的前提条件。如果这一步无法做到，那后面的安慰就无从谈起。在安慰的过程中，听比说更重要，一颗沮丧的心需要一双耐心聆听的耳朵，而绝对不是逻辑敏锐、条理清晰的脑袋。在听的过程中不要急于下判断，要耐心地等待对方把话说完，遇见不太明白的地方可以稍微提示对方再说一说。

面对需要安慰的人，我们应尽量以轻柔的语气问"怎么了"，不要问"为什么"。虽然这两个词看起来很相近，但却有本质的区别。"为什么"有一种质问的语气在里面，在一些场合会让人觉得不舒服，而"怎么了"听起来就要好多了，在询问对方缘由的语境中也是适用的。

倾听结束以后，要用心去接纳对方的世界。安慰对方时最大的障碍，就是不懂得对方的痛点。安慰者有必要放弃自己根深蒂固的观点，试着从对方的角度出发，去看对方的问题，才能让你把安慰之语讲得更加温暖人心，更能解决对方的问题。

安慰的用词一定要真心实意。安慰病人，如果你只说："不要担心，一切都会好起来的。"安慰失业者，如果只是说："不要担心，面包会有的。"这样的话语通常都比较肤浅，病人和失业者会觉得你在敷衍他，没有真心在安慰他。如果你是积极地问"你感觉好些了吗"或是"需要我做些什么吗"就会好得多，这样对方能够感觉得到你是在真心实意地关心他，而且你随时都在准备帮助他。

在真正需要安慰者发声时，我们要注意不要以自己为中心，只是谈论自己的经历。安慰者要牢记，不要把自己的经历强加给你的朋友。你可以说"我也碰到过这种事"，或者是"我很能明白你的这种感受"，但不要说"我以前也像你这样，一个星期都没有心情"。

此外，在安慰的过程中千万不要表现出对朋友的怜悯，即使你心里这样想也不可以表现出来。最好的安慰是给人以鼓励，让朋友尽快振作起来。如果对方需要你提出建议，你可以以你的经历给对方一套完整的、有理有据的解决方案。如果实在找不到完整的方案就最好别说，这比说些没用的或不合时宜的方案强一万倍。

"心病还需心药医"，安慰者要做的就是抚平朋友的痛苦和创伤，这是赢得朋友的最好方式。每个人都有失意的时候，当我们需要安慰时，我们也一定希望被这样一个会说话、会安慰的人安慰，并且从心底感激他们。

把握提问的最佳时机

提问是我们在话局中经常会遇到的事情，但是提问并不简单。表达同样的意思或想要达到同样的目的，用不同的问话形式来问效果也会有所不同。举个简单的例子，如果你问别人"你很喜欢他吗""你很讨厌他吗"就不如"你对他印象怎么样"的效果好。如果问一个看起来超过五十岁的人，最好不问"你今年贵庚"，而是问"你今年可能有四十岁了吧"。

为什么会出现提问效果上的诸多反差，就在于提问方式是不是恰当，你的提问方式对方是否乐于接受，是否能让谈话在一个轻松愉快的氛围中进行。提问者问得越谦恭，得到的回答就会越接近自己心里的预期；提问者问得越没礼貌，得到的回答就越打折扣。要知道，听者的回答是依据听者的心理状态而来的，并非仅凭提问者的本意而给出。

以上只是提问技巧的一个侧面，具体的技巧还有很多，下面我们就几个典型的技巧来进行分析。

一、初次见面时的问话

两个人第一次见面时双方都不熟悉，话题必然是从提问打开的。但这时的提问绝不能是像查户口一样探对方的底，一个接一个的问题只会造成对方的不适感，只会加重对方对你的戒心。因此，在提问前最好先说明一下自己问这些问题的意图，让对方最大限度地敞开自己的心扉。

以下有两组对话，场景是在一个寒冬的晚上，两人初次见面。

对话一：

"今天很冷吧？"

"是啊。"

"……"

"……"

对话二：

"今天很冷啊。我是南方人，虽然在北方住了几年，但感觉还是不太适应，你觉得怎么样？"

"是啊。我虽然是北方人，但在南方也生活过十几年，也是不太适应。"

"你在南方生活过啊？在哪儿呢？"

"我在……"

可以很明显地看出，对话二的提问就比对话一要好得多，渐渐地双方还找到了共同话题，氛围也开始变得融洽起来。心理学认为，人们能走在一起的一个重要的原因就是彼此间有些相似的秉性或是共同的经历，如果初次见面中能通过灵活的提问找到双方的相似性或相同的经历点，就会让接下来的谈话更加友好。相反，连珠炮般干瘪的提问只会让对方越来越不耐烦，甚至谈话会就此中止。

二、面对陌生人时的提问

在有些场景中，我们会面对一些陌生人，比如在一列高速行驶的列车里，周围都是不认识的人，大家都一言不发。我们想要打破这种沉闷时，就要有意地以提问的方式引出话局。

例如，你想让旁边一个看起来很有趣的人打开话匣子。

"对不起，借用一下你的……"

可是对方一句话也不讲，只是将你想要的东西递给你。

你继续说："真是一段又漫长又枯燥的旅程啊，你是否也有这种感觉？"

可是对方也只是点点头，不多说话。

"看这一路上的农田，如果是在小麦收获的时候坐这趟车，肯定很有趣吧？我们那儿就有一列小火车。"

"是嘉阳小火车吗？我听说过，它……"

对方开始侃侃而谈。

人与人相遇，并不是无话可说，有时只是暂时没有找到相应的话题。这时的提问也是一个试探的过程，有时试探会受阻，那就不妨换一个方向、换一种方式提问，只要锲而不舍，就会挖掘到双方感兴趣的话题，从而让谈话热烈地继续下去。

三、求人办事时的提问

生活中求人办事时遇到阻碍在所难免，这时不妨进行一些反复催问，拿出锲而不舍的精神，就可能将事情办成。

宋朝时的宰相赵普想向宋太祖推荐一名官吏。宋太祖不予理会，赵普就连续三天向宋太祖进行推荐，并问他考虑得怎样。在经过多次的谈话后，宋太祖知道不答应他不行了，只好准许了赵普的请求。

赵普之所以能成功，就是因为看出了宋太祖不答应自己只是因为不太喜欢这个人；而宋太祖也明白赵普只是为国着想，没有丝毫的恶意，最终也就答应了他。我们在求人时也可以采用这种方式，反复催问，不给对方拖延的机会。

当然，有时会遇到对方无论如何也不配合的情况，这时就需要旁敲侧击了。找一找对方的兴趣点，或借他人之口来问，比如"某某经理让我来问一下"，假借与对方有利害关系者之口，就有可能问出真言。

四、请求式问话

提问不要用生硬的语气，温和一些是更好的方式。例如面对上级，可以先说"老板，我有个想法，能跟你汇报一下吗""经理，有没有时间？有件事跟你商量一下可以吗"。温和的提问方式能让听者舒心，也是打开话局的良方，尤其是在面对尊者或上级的时候更需如此。

五、劝导式问话

有很多时候，如果我们改变一下提问的方向，效果会大不相同。

对话一：

"唉，我好像又胖了，真羡慕你的身材，保持得那么好。"

"是啊，为什么不跟我一样，花点时间去运动一下呢？"

"我也知道，只是工作太忙，没什么时间。"

"我觉得还好呀，你真的每天连三十分钟都抽不出来吗？"

"……"

对话二：

"唉，我好像又胖了，真羡慕你的身材，锻炼得那么好。"

"你看起来不像是那种不注意身材的人啊，为什么对锻炼不感兴趣呢？"

"我想瘦一点啊。"

"那么，你想怎么做呢？"

提问时，我们不妨采取反向提问的方式，来引导对方从"为什么我不能"到"为什么我想要"。对方被"为什么我想要"时，就会思考"为什么我要怎样怎样"的理由。这就好比埋下的一颗谈话的种子，随着回答者的回答不断让话局升温，毕竟人们在内心里基本都是高看自己的。

第六章

好好讲话，化解僵局

在日常讲话中，僵局是我们经常会遇到的问题。不会讲话的人在僵局面前总是手足无措，不知如何应对；而会讲话的人三言两语即可"转危为安"。这是讲话的底气，也是口才的实力。

初次见面，第一句话很重要

第一印象在人际交往中有着至关重要的作用。

通常，我们和别人初次见面，或多或少都会有面面相觑、无话可谈的尴尬情况发生。例如，出差时面对对方来接机的工作人员，面对公司里别人介绍来的工作伙伴……这时，大家都是萍水相逢，显然没法进行深聊，但如果大家站在一起却一句话也不说又实在说不过去。

这时候就要设法找到双方的共同点了。就像前面介绍的提问方式一样，如果能探询到双方都熟悉的或共同喜爱的话题，这种尴尬的氛围就会自动解除。比如问"请问你是哪里人"或者"你是哪所学校毕业的"，对方如果回答："我是南京人。"你可能就会马上接口："南京啊，我去过那儿，是一个很有文化底蕴的城市……"这样话题就慢慢展开了，越聊越熟，刚见面的陌生人也可能聊得像老朋友一样热乎。

初次见面，交浅言深的话很容易给对方带来压力。需要注意的是，初次见面时绝不能问对方的隐私。在现今这个时代，每一个人都很注重自己的个人空间，强调多元生活，不能再像老一辈的人一样，见面就问"你结婚了吗""你有对象吗""你孩子多大了"这些带有隐私性质的话题。

如果实在是没有话题可谈，从对方的名字谈起也是一种不错的方法。毕竟陌生人相见，刚开始肯定是请教姓名。既然开了这个头，不如就从这里谈下去。可以问一下对方名字的美好寓意、取名的由来，或者聊几句与称呼或绰号相关的趣闻。这样能表现出你对陌生朋友的重视，又不用担心冒犯对方。

"您好，我叫查明兰，请问您怎么称呼？"

"我叫杜晨。"

"早晨的晨，是因为在早晨出生的吗？"

"对啊，我出生时恰是破晓时分，所以家人就给取了这么一个名字。"

"这名字很有朝气。"

"没有啦，其实我这个人挺颓的。"

"哈哈，颓也好，我也不想给自己太大压力。"

从名字延展开去，我们就可能谈及双方的性格、家庭、工作等方方面面，使话题延续下去，不致冷场。当然，谈名字时可不能说"这个名字很常见"之类的话，凡事都要朝好的方向去说，这是好口才的重要准则。

除了名字，天气情况、对方的工作进展、身体状况、行动也是不错的突破口。例如"今天天气还不错，北京很久没有这样的蓝天了""这一阵工作忙吗""快毕业考试了吧""你看起来神清气爽，是不是有喜事呢"都是不错的提问。

有的人生性内向，对于别人的话总是有一句说一句，绝不多说。这时我们就应主动和他们谈话，不妨以对方为谈话中心，例如说"听说你练习过书法，相信你一定写得很不错"或者"你在练习书法的过程中有没有遇到什么印象深刻的事"。这样说话能让对方觉得亲切，也很容易响应，等对方放松下来，话题就容易展开了。

话题打开以后不要随意打断对方的话。一旦打断了对方的话，对方就很可能有所不满而不愿意再往下说。我们在社交场合中总会发现，有些人有了自己的观点以后就会急不可耐，一有机会就中断别人的话，自己高谈阔论。这样只会引起对方的不快，于交谈无益。但是，如果你正在说话，发现别人有说话的欲望时则不妨绅士一些，礼貌地摆摆手，对他说"请讲"。

同时，初次见面时，我们应该极力避免一些不礼貌的姿势。很多人都知道，在和长辈、上级谈话时是不能抱胸跷脚的，其实与朋友或同事交谈时也应避免这种不雅的姿势，初次见面的场合就更应回避这些了。如果出现这类姿势，会让对方认为你不愿与他们沟通，或者认为你的态度很傲慢。

不管怎样，初次见面时说话必须要温和。你把尊重送给了别人，别人才会把亲切感送给你。西方有位文学家说过："只要热情犹在，哪怕青春消逝。"因此西方人见面时总是满面笑容地彼此问候："你好吗？""早啊！"我们千万不能忽视了这些和善之语的作用。

多用建议，少用命令

没人愿意听命令式的话。那些强迫式的谈话毫无例外地会得到抵触的回应。命令式的、强迫式的语气是话局的大忌，只会严重破坏人与人之间的关系。只有在相互尊重的基础上，多用建议，少用命令，才能让会谈畅快地进行。

人际沟通大师卡耐基有一个名叫汤姆森的学员。他所在的汽车公司在修好了一批顾客的汽车后，顾客却拒绝支付修理费，原因是他们认为汽车公司账单中的一些项目写错了。但汽车公司的雇员并不承认账单有错，于是双方僵持不下，甚至演变成了口角之争。

公司派汤姆森来解决这个问题。汤姆森逐一拜访了这些顾客，但他绝口不提欠款的事，而只是对他们说："我是公司派来对我们的服务情况做调查的。"在谈话中，汤姆森提及，他不会相信公司不会出错，尽量地让顾客们说出他们的理由，而他只是仔细地倾听。

待顾客说完以后，他们的情绪也缓和了很多。这时汤姆森说："我也觉得公司对这件事情的处置很不得当，我代表公司向你们表示诚挚的歉意。我对你们在这件事情上表现出来的态度非常感动。现在，我想让你们为我做一点儿事，那就是再查下我们公司给你们开的账单，如果有错，你们说怎么办都行。我相信你们一定会看出问题所在的。"

在这么一番温柔和善的建议下，顾客们很高兴地核对了账单。有的顾客看过后高兴地付了款项，只有一位顾客付了最低额，这样一来公司也没有蒙受什么损失。

通过建议和顾客达成一致，而不是用合同去生硬地约束顾客，取得的结果是截然不同的。

多用建议，少用命令，会有很多不可思议的好处，人人都应该养成这样的习惯。比如，不要说"在中午前把这份文件准备好"，而是说"如果可以，我希望你在中午前就把这份文件准备好"。不要说"你不能那么做"，而是说"我觉得这样做是不是不太好"。

命令、威胁只会带来反抗，建议才是正道。在建议时，要合理地运用第一人称"我"。用"我"字来描述自己希望看到的行为，并且说明它会带来的影响，更容易让对方接受。上面的两句话，"如果可以，我希望你在中午前就把这份文件准备好""我觉得这样做是不是不太好"，人们就能很容易理解和接受，合理地加入第一人称"我"后再提建议，会给听者带来亲切感。

用"我"来开头的建议可以是"我听说……""我觉得这样……""我希望……"等类似的话。

一般来讲，用建议的口吻是很容易让听者接受的。如果对方并不为我们的建议所打动，这时再生硬一点也无妨。但要注意，一开始必须用温和的建议的语气来引导对方，就好比美国前总统杜鲁门形容美国的外交政策一样："拿着大棒，轻轻地走路。劝说别人时也应该这样，先是轻轻地走路，实在有难处时，再考虑使用大棒。"

批评要私下里说

批评，看起来就是一个不徇私情、不留情面的词汇，可真的是这样吗？当然不是。批评是要讲艺术的，让人出丑的批评就肯定达不到理想的效果。

批评不是也不应该是为了满足自己的优越感而发出的，而是为了对方着想，想要帮助他们纠正缺点、弥补不足，因此不必大张旗鼓，最好在私下里跟对方交谈，不要让第三者在场。

1922年，土耳其总统凯末尔决定将希腊人驱逐出境，于是两国爆发了一场近代史上极为惨烈的战争。战争的结果是土耳其获胜。

希腊的两位将军向凯末尔请降时，一路上受到了土耳其人的辱骂。但是凯末尔却没有以胜利者自居，他把两位将军请到宫殿，屏退众人，握着他们的手说："战争是很残酷的，就算是高手也会遭到失败……"

凯末尔先找了私密的场所会见这场战争的"失败者"，并且理性地向他们分析了战争的得失，最终受到了两位希腊将军的尊敬。

试想一下，我们批评时是否只是为了一己之快，而没有顾及对方的面子？在这个世界上，没有人不会犯错误，犯错误就该受到批评。但是，合适的时机才是取得批评效果的保证。一般来讲，能私下里批评的就坚决不要在公开的场合批评，能亲自予以批评的就一定不要让别人代替而为。

私下里的批评受知的范围小，方式也很灵活。最重要的是，它有很强的保密性，不会伤及被批评者的面子，做得好的话还会让被批评者对你有种知己感，更易于接受你的批评。

除此以外，批评也要讲究技巧，要想让人心服口服，需要注意以下几种方式。

一、请教式批评

请教式批评是指在请教的语气中包含批评的意思，相当于给了被批评者一个台阶，能很好地保全他的面子。

在一个不允许钓鱼的池塘，鱼塘老板发现有人正在池中钓鱼。他走近钓鱼的人，指了指旁边"禁止钓鱼"的牌子，对钓鱼者说："先生，你在这里试钩，是不是太浪费了。"钓鱼者听后觉得很不好意思，连忙起身道歉走了。

这位鱼塘主人用的就是请教式批评的方法，既达到了目的又不伤及对方的自尊，还能让对方心服口服，可谓高明。

二、暗示型批评

暗示型批评就是不正面说出批评的话，而是将批评之意在谈话中暗示出来，让被批评者自己去理解。

公司中某位得力的职员要去旅行结婚，可是公司主管发现最近有一项重要的工作需要该职员来做。于是他对这位职员说："真心祝福你们啊。只是公司正要与一个客户谈判签订一个重要的合约，你又是唯一的谈判人选。我们也知道你一向是以大局为重的人，不巧的是这事与你个人的喜事重合到一块了。你要是走了，还真不好找代替你的人选啊。"

公司主管在这里就用的是暗示型批评的方法。他没有直接说，但是批评的味道已经在谈话中显示出来了，当然也含有期望之意。聪明的职员一听就明白主管的用意，该如何做自然就有所决断了。

三、安慰型批评

安慰型批评是指出了对方的错误，但话语中又有某些肯定的表达方式，使被批评者不会觉得难堪。

法国作家莫泊桑曾向自己的中学老师、著名诗人布耶和文学家福楼拜请教诗歌创作。两位大师一边听莫泊桑朗读诗作，一边喝香槟酒。布耶听完后说："你的这首诗句中的意象过多，虽然不太好理解，有点疙里疙瘩像吃一块牛蹄筋，但我还读过比这更坏的诗。你这首就像我手中这瓶香槟酒，勉强还能吞下。"

布耶的话虽然有点严厉，但也留有余地，给了莫泊桑一些安慰，莫泊桑很容易理解他的意思。

四、模糊型批评

模糊型批评是指用模糊的语言来代替直截了当的语言进行批评。比如在一次公司大会上，公司经理说："最近这段时间，大多数人表现都不错。但有少数人表现还不佳，有早退、迟到的现象。"这是职场中惯用的批评手法，虽然批评者没有明说是谁，但是被批评者会暗自对号入座。

五、旁敲侧击型批评

旁敲侧击型批评是指不从正面去批评别人，而是拐个弯进行批评。这样既点出了问题的所在，又保住了对方的面子，具有正面的意义。

讲话就得有方法

就算是私下里批评也最好不要一上来就发"牢骚"，最好先用一些肯定或赞扬的话语开场，批评时尽量温和一些，以使话局在轻松愉快的氛围中进行。这不论对于批评者还是被批评者都是很有利的。

弹好话语中的"弦外之音"

在口才的学问中,"坦白"很容易让人吃到苦头。有时候,真话说得不恰当很容易伤人,这样的真话还不如不说的好。但是,如果把真话换一种方式来说,结果就完全不一样了。

德皇威廉二世下令设计一艘军舰的设计图,为检验设计图的可行度,他将这份设计图拿给造船界一位权威人士进行评估。威廉二世还特意告诉这位权威人士,这份设计图是军界工作人员呕心沥血、耗费多年时间精心设计而成的。

权威人士在经过专业的评估后,对威廉二世说了这样一番话:"陛下,非常高兴能为一份精妙的设计图做评估。我能看出来这会是一艘威武雄壮的军舰,性能超强,毫无疑问,它的武器配备和航行速度都是世界顶尖的,至于舰内的其他设施,更是没得挑剔。但这艘军舰有一个小小的缺点,那就是它一下水,就会像只铅铸的鸭子般沉入水底。"

德皇威廉二世听完这席话也只好会心地笑了。

这位权威人士的话语妙就妙在说出了批评的话外之音,让德皇自己领会到了军舰的最大缺点。试想,如果权威人士直言指摘,面对的被批评者又是一代德皇，结果不用多说也明白，权威人士的日子可能并不好过。

直言批评不是优点，而是一种得罪人的"差事"。我们都喜欢和聪颖机智的人打交道，而不喜欢与鲁莽和说话毫无回旋余地的人合作。因此，即使说的是真话，也要变个说法。

当别人犯错时更不要直接指出来，而应委婉相告，给对方一个台阶下，让他能够心甘情愿地改正错误。批评不等于发脾气，遇事就发脾气的人永远不会得到自己想要的效果。

某人参加宴会，却并没有受到主人尽兴的招待，桌上只有餐具却没有菜。客人因此借口自己视力不好，看不清桌上的菜，而向主人索要了一副眼镜。戴上眼镜后，客人大赞主人招待周到，弄了很多丰盛的饭菜。主人惶惑道："也没配什么菜，怎么能说多呢？"客人指着满桌的餐具回答："这些餐具里，不都是菜吗？"主人听后满脸通红，立即又吩咐上了一桌好菜。

客人没有直言主人吝啬，而是用弦外音向主人表示出了自己的不满，达到了宣泄的目的，并让主人意识到了自己的错误。

因此，在说含有批评意味的话时，懂得弹好"弦外之音"是十分有必要的。当然，用这种方式说出的话一定要容易理解，切莫故作高深，让人不明所以。

此外，批评也要就事论事，丁是丁、卯是卯，哪儿疼医哪儿，不能夸大其词，也不能扯得过远，或是以小看大，认为别人这件事没处理好就全盘否定了他的努力。批评就应该只针对当下的事情，合理地利用"弦外之音"的作用，这种方式是所有人都容易接受的，而且更能达到想要的效果。

让别人有台阶下

不管在什么场合，说服、辩论、谈判时我们都要有这样一种意识：不能把别人逼到死角。如果是那样的话，你表面上赢了，但其实还是输了。

在谈话的场合里，争论的双方十之八九反而会比以前更加深信自己原来的观点。争论的结果无非是两种，你要是输了，那当然是输了；你要是赢了，就相当于你把对方的论点攻击得千疮百孔，伤了别人的自尊，得到"口服心不服"的结局，对方还会怨恨你的胜利。这样的"赢"没有任何意义。

曾担任美国财政部长的威廉·麦肯铎以他多年的政治经验说过这样的话："靠辩论是不可能使无知的人服气的。"其实，威廉·麦肯铎的话还是太保守了，就算对方是具有聪明才智的人，你也是不可能靠辩论让他服气的。

口才要的不只是口服，还是心服。正如兵书里所讲的"心战为上，兵战为下"之策。因此，在争论的苗头快要燃起来时，一定要将其压住，而且绝不能在言语中冒犯别人，记住在任何时刻都要给别人一个台阶下。在谈话的场合，只有一个方法能让你在争论中获胜，那就是避免争论。

某公司老板受邀参加一个宴会，席间一位来宾讲了一段笑话，并引用了杜甫的一句名诗，但他有口误，错把杜甫说成是"诗仙"。听完来宾的话，有的人赞他高雅，有的人赞他文采了得，可这位老板却站起来大声地说："老兄，不对吧！诗仙什么时候变成杜甫了。"

这位老板的话一石激起千层浪，众人都停顿了一秒，那位来宾的脸色也变得铁青。幸好宴会主人打圆场："管他什么诗仙不诗仙的，我们先干了这杯吧。"才让宴会恢复了正常，但那位来宾在宴会上对这位老板的看法也不会好到哪里去了。

生活中，人人都有做错事、说错话的时候，尤其是在谈话的场合，念了错字、说了外行话、记错了对方的姓名等都很常见，这时最好的举动就是不要大肆张扬。心理学研究表明，没有人愿意把自己的错误暴露在大庭广众之下，如果当众说出别人的不是，必然引得对方难堪或恼怒。

如果因为某些特殊情况，实在要说出对方的错处，也要给对方一个暗示，但绝不可过分，点到为止即可。你可以说"我认为有另外一种想法，但我说的不一定对……"，或者说"我的想法也不一定对，我们一起看看事实如何"。相信这样的话是任何人都不会反对的。

在谈话中，你要确定一个信念，就算你认为你的言论是绝对正确的，也要避免用过分肯定的字眼，以免和人发生冲突，那些"当然的""无疑的"等词语永远没有"我想""我认为""可能如此"等词语的效果好。

如果是对方肯定地指出了你的错误，也不要因为"面子"就和对方激烈地发生冲突，也不要指出他的看法有多么不合理。可以在先同意他的观点的情况下谦逊地说出自己的见解，这样会让对方更迅速地接受，减少反对的声音。如果你是对的，就很容易让别人放弃偏见，悄然达到说服的目的。

讲话等于做人，要让别人心服口服，就要从尊重别人开始。不管是对你的顾客、你的对手，还是你的朋友、家人，都不要过分地指摘他们。给他们一个台阶，也就是给自己一个台阶。

灵活一点去说"不"

在生活中，我们会遇到很多想拒绝他人的情况，想要将"不"脱口而出时又怕伤了别人，为此，我们反而委曲求全，勉强答应了别人。结果自己却力不能及或不得不违背了一些原则，不但为此劳力伤神，还会让对方觉得你不是一个可靠之人，其实是吃力不讨好。

其实，"不"是可以说的，但一定要讲究方法技巧，将拒绝带来的不利因素减到最小，既不伤害对方的自尊心，又能取得别人的谅解，更重要的是，让自己少去某些不得已的痛苦。

美国总统林肯有一次受邀在一个编辑大会上发言，但林肯觉得自己并非编辑，出席这样的大会并不适宜。为了拒绝邀请方，林肯给大家讲了一个故事，他说："我有一次在森林中遇见一位骑马的妇女，我停下来让路，但她也停了下来，目不转睛地盯着我看。她说：'你也许是我这辈子见过的最丑的人了。'我听后说：'你真的说对了，但我这是天生的，我又有什么办法呢？'她说：'虽然你容貌是天生的，但你也可以留在家里不出来啊。'"故事讲完，主办方也知道了林肯的心意，不再勉强他发言。

可见，妥当的拒绝方式不仅不会伤害双方的关系，反而能增进双方的理解。而不妥当的拒绝方式则有可能一句话就让友谊之船说翻就翻。说不说"不"应该以自己能否办到为标准，如果实在是力有未逮，就要想办法以合适的方式将这个"不"说出来。

一、诱导否定

先看一则故事：

罗斯福在担任美国总统之前，曾在保密性质很高的海军部任职。有一次，罗斯福的一位好朋友向他打听潜艇基地的计划。罗斯福环顾四周，故作神秘地问他："你能保密吗？"朋友说："当然能。"罗斯福听后微笑地看着他："那么，我也能。"在一阵哈哈大笑之后，朋友也并没有因为罗斯福的拒绝而变得不快。

在这里，罗斯福就巧妙地设下了一个"圈套"，诱导朋友进行了否定，既维持了自己的原则，又没让朋友难堪。因此，在某些场合，当别人向我们提出问题之后，不妨先不给予对方正面的回答，而是先讲一些理由，提出一些条件或反问对方，让对方对自己的话先行否定，这个"不"就巧妙地踢了出去。

二、假托直言

有的时候，当别人请求你办一件事时，在不怕对方误解的情况下，你可以假借第三方，将这个"不"给抛出去。

例如，有朋友想让你订阅他们公司的报刊，可你并不想订阅，这时便可以说："谢谢，你们公司的报刊非常好，但我已经订阅了其他几份报刊了，实在是不好意思。"

这样假借第三方说事，尽量表明自己的拒绝并非是自己个人因素导致的，假托直言的方法比直接而生硬地拒绝对方要好得多。

三、暗示巧拒

如果向你提出请求的是一个领悟能力比较强的人，不妨用暗示的方法将这个"不"抛出。

比如，对方请求你给他介绍一个工作，可这对于你来讲十分难办。这时就不妨先"拖一拖"，要求对方将他的简历发给你，这种立即行动的做法会让对方觉得找对了人。然后，在几天时间内，在对方还没有联系你之前就主动地给对方去个电话，告诉他："我已经帮你联系过了，不过那个工作的职务要求很高，有点困难。"再过些时候，你还可以主动找他："实在是不好意思，我已经托了关系了，但这次竞争实在激烈。"

到了这一步对方便能明白你的意思了，而且会觉得你已经尽力而为，还有可能增加对你的信任感。

四、以理服人

采用这种方法时一定要向对方将利害关系讲清楚，让对方知道自己的请求有多么不合理。毕竟在生活中，有很多人并不知道自己请求的利害关系。

小林是某建设局质检员，某次他的同学邀请他吃饭。小林知道这位同学是无事不登三宝殿，便问他还请了谁，同学招架不住，便说请了自己做包工头的亲戚。小林听完便打消了赴宴的念头，他坦诚地告诉自己的同学："我们是几年的同学，你应该清楚我的为人。如果是纯粹的同学之间凑热闹，我肯定到场。但今天这饭局涉及我的特殊身份和你那位亲戚的关系，我不能参加。建筑工程，百年大计，质量为本。将来即使你那位亲戚承包的工程质量合格了，我公事公办问心无愧，别人也还是会对我说三道四。其实，工程质量也不是我一个人说了算，何必事先将事情弄复杂呢？况且，万一出了问题，我们以后见面也会非常尴尬。"一席合情合理的话说出来，那位同学也打消了宴请的念头。

我们常常会遇到别人向自己提出不合理请求的时候，这时不管关系如何，都要在向对方讲明事理的情况下坚定地拒绝。当然，在拒绝的过程中，理一定要说透，对对方动之以情，晓之以理，才能在不损害双方关系的情况下达到想要的效果。

五、略地攻心

如果你了解向你提出请求的人的特性和目的，便可以采用这种技巧。

一位语文老师与人发生官司对簿公堂，主审法官恰好是他的学生。在法庭上，法官首先向老师表达了自己的赞扬之情："老师，从小学到大学，您都是我最敬佩的语文老师。尤其是您讲《葫芦僧乱判葫芦案》一课的情形，特别精彩，现在我还记忆犹新。"

语文老师很快进入了角色："我可不是用嘴讲课，而是用心在讲啊。薛蟠犯了人命案却逍遥法外，反映了封建社会官官相护、狼狈为奸的黑暗现实。"法官顺势说道："是啊，当年您还告诫我们，以后做了法官，绝不能判一些糊涂案啊。"

老师听完，本来拟好的一大套说辞再也不好意思开口，自动放弃了自己不合理的请求。

在这里，法官就用了"略地攻心"之策，先用话准确地将对方带入预设的场景，然后发动心理攻势，让对方高兴，或是反激对方原以为"合理"之处，让对方自我否定，便能拒人于无形之中。

六、幽默诙谐

有时在说"不"时，也可以采用插科打诨、幽默诙谐的方法来应对。本节开篇林肯的故事就是如此，采用这种方法，双方很可能就在相视一笑中达成默契，你该说的"不"也被巧妙地抛了出去。

当然，不管采用何种方式来表达这个"不"，都应该给予对方足够的尊重、理解和同情。如有可能，在表示自己帮不了忙之外，可以再给对方提出一些合理的建议。同时，在表达拒绝的时候要面带微笑、态度庄重，让对方感受到你的诚恳和礼貌。这样，即使是拒绝的话语重了些对方也会乐于接受。

掌控话题，变被动为主动

处在社会交往中的人都是互相影响的，在这样的情况下，如何能够行之有效地说服别人便成了我们经常遇到的问题。解决这类问题的关键是：掌控话题，变被动为主动。

比如，几个多年不见的好友聚在一起，非要让你参加牌局，可你又从不喜欢赌博，该怎么说服他们？爱喝酒的人非劝你陪他喝上一盅，可你的身体又确实不宜喝酒，又该怎么说服他？在这些情况下，你又如何变被动为主动呢？这里介绍几种实用的方法。

一、限定选择

小高的母亲生病了，可她母亲心疼钱，怎么也不肯去医院检查，这可把孝顺的小高急坏了。为了劝服母亲，小高在某个周末的早晨冷不丁地问母亲："妈，我今天不上班，准备带您去一趟医院，您说是去人民医院好呢，还是去公利医院好？"

小高没等母亲回答，马上又说："大家都说公利医院的环境很好，大夫也不错，尤其是对老人家很上心，您决定吧，咱们该去哪呢？"

小高母亲听了，脱口就说道："那咱们还是去公利医院吧。"就这样，小高的母亲在不知不觉中"就范"了，小高也顺利地劝服了母亲。

小高在这里就运用了"限定选择"的策略。当别人对于你希望他（她）做的事犹豫不决时，用这种几选一的方法能较好地解决问题。此时你在话语中要将"要不要做"转化为"这件事将怎么做"。给对方提出几种选择，把对方的注意力转移开来，使其产生错觉，只要对方能从你提供的方案中选出一个来，你就成功了。

二、以退为进

某公益单位决定组织单位成员利用暑假向一所孤儿院献爱心。在动员会上，单位负责人向成员们宣布："希望大家在这个暑假里，每人去孤儿院领养一名孤儿回家生活，让孤儿们切身感受到家的温暖。"这话刚说出来，单位成员就面露难色，毕竟是好不容易盼来的假期，结果却要在照料孤儿中度过了，不免有些失落。

见此情景，单位负责人微微一笑，继续说："那这样吧，我尊重大家的意见。就每位成员每周抽出一天时间来陪伴孤儿，这样总行了吧？"话音刚落，单位成员立马表示了赞同。

单位负责人在这里就运用了"以退为进"的策略来说服其成员，其实他的真正用意就是希望大家能每周抽出一天时间来陪伴孤儿，只不过先把话说在大家都感觉为难的点上，然后再表现出自己做出了让步的态势，让大家"就范"。这便给了我们一个启示，有的时候想要劝服别人时，不一定事先就将本意表达出来。可以先提个高的要求让对方拒绝，然后再退一步表达出"本意"，这样对方就不再好意思拒绝了。在这场话局的较量中，你看似是退让了，但其实还是在朝着你达成目的的方向在前进。

三、激发恻隐

汉武帝的乳娘因为年老经常做一些错事。某次，汉武帝一气之下要将乳娘赶走。乳娘想到今后生活无着，不禁老泪纵横。

这一切被东方朔看在眼里，他便告诉乳娘："到时陛下要你走，你就走，但在经过陛下面前时你一定要记得频频回头看他。"

乳娘谨遵东方朔的教诲，果真在临走时频频回望汉武帝。汉武帝见此，种种乳娘含辛茹苦的画面浮现心头。东方朔见此，又加上一句："你这老妈子还不快走，陛下已经不用再吃你的奶了。"汉武帝听后更加心动，终于把乳娘留了下来。

人都是有善念的。在无法说服别人的时候，可以好好地激发一下对方的恻隐之心。俗语有言"人非草木，孰能无情"，对方见你如此值得同情，便很容易被你的真情打动和说服。

四、满足需要

19世纪时，维也纳上层妇女中流行戴一种高筒宽檐的帽子。可是当她们戴上这种帽子进入剧院看戏时却往往会遮住后面观众的视线，引发很多观众向剧场经理抱怨。

剧场经理得知后要求妇女们都脱帽看戏，但并没得到响应。于是剧场经理又说："本剧场为了照顾年老的女士，只有她们是可以不脱帽的。"这样一说，剧场中的女士都摘下了帽子。

剧场经理在这里就是在一定程度上满足了妇女们的某种需要，却从反面引发了妇女们希望年轻的心理需求。因为没人愿意承认自己年老，自然就没人愿意再戴着帽子看戏了。心理学家指出，人们行为的驱动力是动机，而动机的基础正是需要。如果能够满足人们的某种需要，就能激发人们相应的动机，使人们做出相应的行为。因此在说服别人的时候，如果能够准确捕捉到对方的心理需求，再采取相应的策略，就能让对方做出你预期的行为。

五、激将法

莫生大学毕业后进入一家单位，他工作勤奋努力，很快就被提升为了部门小组长。

但莫生也因此产生了骄傲自满的情绪，同时，他又感觉有很多老组长还没得到提拔，也产生了一定的松懈情绪，把原本很好的组内事务搞得大不如前。

对此，经理找到莫生，告诉他说："事实证明，你是一个好员工，但不是一个好组长。或者说，你的能力还不足以胜任组长的职务，你觉得呢？"莫生的自尊心受到打击，当即被激起豪情："我相信我能带好一个组，一个月内不改变现状，我就辞职。"此后，莫生改变了原有的作风，全心全意带领团队，终于使团队走上了正轨。

经理对莫生运用的就是激将法。对于那些具有上进心和自尊心的人来说，这一招往往很管用，它能将一个人的自信和自尊强烈地激发出来，使对方走向你希望的轨道。

遇见摩擦，好好说话

在平时说话的场景中，很容易出现一些有摩擦的情况，这需要我们及时地进行处理，以化解不利局面，扭转话局。

处理摩擦时的话术最考量一个人的口才艺术，它不仅需要我们能好好说话，而且需要有一定的"计谋"，能够做到根据实际情况随机应变。

一、绵里藏针

有时候在交谈中由于双方的身份、地位并不等同，一方很可能处于不利的境地，如果强势的一方向你发难，你以硬碰硬的态势回击的话，无疑会将自己置于更加不利的境地，后果实难预料。这时最好的办法是采用绵里藏针之策，将话锋藏在"含而不露"的话语中，悄然地还击对手。

小张是一家事务所的经理助理。他的经理是一个只看重别人缺点的人，为此小张没少挨经理无缘无故的责骂和抱怨，让小张的自尊心受到了很大的伤害。时间久了他甚至怀疑真的是自己的工作能力不够。

后来，小张咨询别的同事后得到了一个与经理沟通的办法。一个周五早上，在汇报工作的时候，小张对经理说："我已尽力做好我分内的工作，可您一再说我做得不对，让我都没有自信了。您以后能不能每周这时候将我不对的地方指出来，方便我以后改正错误？"

起初几次，经理说了很多问题。但是几周之后经理就再也说不出什么了。他的态度也发生了变化，有一天还对小张说："是我以前没注意，对你太苛刻了，其实你的工作能力还是很好的。"

小张并没有顶撞经理，只是把"针锋"藏在了几句平实的语言中，让经理不好发作，并最终认识到了自己的问题，这便是绵里藏针的效果。

二、移花接木

移花接木放在口才艺术中，是指对一些我们不愿意回答或是不好回答的问题，要及时地转移话题。毕竟，在话术中，沉默和用"无可奉告"之类的话语都不是好的表现，而故意用曲解对方意思的说法，采用移花接木、偷换概念的方式随机应变才是最好的方式。

开国之初，周恩来总理参加一次记者招待会。在会上，有外国记者提问："请问，中国人民银行有多少资金？"这是一个保密程度相当高的话题，周总理不可能将具体的情况告诉对方。

于是，周总理话锋一转，故意说道："中国人民银行的资金嘛，有18元8角8分，因为我们发行的货币面额有10元、5元、2元、1元、5角、2角、1角、5分、2分、1分，共十种，合计就是18元8角8分。"

听到周总理机智的回答，那记者也不好继续询问了。

可见，有的时候我们在不便正面回答别人问题的时候便可另寻他途，采用移花接木的方式将话题转移开去，使对方不便穷根究底。

三、"模糊"而对

有的时候，我们没必要也不可能把话说得太死，这时候不妨说一些"模糊"的话语，增加弹性。

北宋政治家王安石的儿子王元泽年幼时，有一次客人来家中做客。客人知晓王元泽聪颖，但知他不辨獐和鹿，就故意拿出一幅獐鹿同框的画来，刁难王元泽："你看哪一头是獐，哪一头是鹿呢？"王元泽无法分辨，但却立即说道："獐旁边是鹿，鹿旁边是獐。"一席话说完，客人大奇，连赞王元泽聪明。

在这里，王元泽用的就是"模糊"应对之法，但这种"模糊"又具有相当高的准确性，让人找不出其中的破绽，显示了他过人的才智。

四、以毒攻毒

有的时候，如果谈话中对方存心刁难，采用歪理谬论，这时候最好"以毒攻毒"。

隋朝时，有人问一位善辩者："如果有人在腊月时被蛇所伤，该怎么办呢？"这人是存心发难，须知腊月正是蛇冬眠的时候，人绝不可能被蛇所伤。善辩者也很是机灵，立即针锋而对："如果取来七月间南墙下的雪给患者敷上，就能痊愈。"当然，七月间南墙下的雪也是不存在的。这样，那刁难的人便无话可说了。

对方说出的话语如果本身就是违背常理的，若答则可能表示无知，不答则可能表示无能，这时最好的方法就是用对方的道理将皮球反踢回去，既避免了自己出丑，也让对方的陷阱不攻自破。

总之，在谈话中出现摩擦时，一定要准确有力地把话局进行下去。但这也是对一个人综合能力的考验。一般来说，阅历丰富、知识渊博并能在危急时刻气定神闲的人更容易处理这样的情况。"慧于心秀于口"，只要我们加强思维的训练，一定也能达到这样的效果。

不伤感情的"逐客"术

生活中，总会遇到一些需要"逐客"的场景，比如遇到不请自来的客人或是自己有事要抽身时，可能我们不得不"逐客"。可是直截了当地让人"离开"吧总觉得不好意思，说出口又可能伤了感情，以后再见面未免难堪。

其实，"逐客"的话也不是不能说，但要说得高明，这就需要高超的口才技巧来做支撑了。只要话讲得好，客人也不会介意被"逐"的。当然，其中最重要的一点，就是你要"逐"得富有人情味。

一、婉言提醒

你没有多余的时间来陪伴滔滔不绝的客人时，可以用委婉的语言来提醒对方，或是采用商量的语气，让对方知道你的难处。

比如，面对一位逗留时间过长的朋友，礼貌地告诉他："和你聊天真的很痛快，不过我今晚还有一个重要的文件要处理，要争取尽快把公司这份工作完成。"言下之意，就是今晚不要再来叨扰了。

再例如，同样面对一位逗留时间过长的朋友，告诉他："最近我家人身体不太好，吃完晚饭就想睡觉，我们可否小声点交谈。"这就是在以商量的语气暗示对方："你的谈话已经影响到我的生活了，是不是别再逗留了？"相信只要是识趣的人，都会明白你作为主人的这层意思。

二、热情过甚

对于你并不喜欢的登门者，不妨在他上门时表现得过分热情，捧出上好的点心、水果来招待他，让他能感受到"贵宾"级的待遇。这样，他可能就会不好意思再多登门。从辩证法的角度来看，过分的热情其实与冰冷的招待无异，但在热情的表象之下却并没有冰冷的氛围，只是用过甚的热情让对方自己心里过意不去，从而轻易地达到"逐客"的目的。

三、变相疏导

对于一些喜欢上门闲聊的人，不妨抛给他们一些对他们有利的话题，让他们自知理亏，改变过频登门闲聊的作风，而将更多的时间投入到其他方面去。

比如对方是一个青年，就激励他："人生在世，应该趁年轻多学一些东西，这样才能过更好的生活。你喜欢什么，不如多拿出点时间去学习。"如果对方是一个老年人，就诱导他培养一些相应的兴趣爱好，赞扬他在某些方面的能力，如说："您老绘画功底真不错，如果再进一层，完全可以参加绘画大赛了。"这样的话对方听了也高兴，而且他一旦真有了兴趣，自然就不再经常登门了。

四、以攻代守

如果事先知道对方会登门，不妨在对方登门之前就先去他家拜访，让自己由主人变成客人，并且掌握谈话的主动权。这样的次数多了，让对方形成某种习惯，他必定就不会经常上你家登门拜访了。

第七章

讲话现场，学会掌控有度

如果在讲话现场做不到掌控有度，就会出现各种无法预料的情况。因此，控制现场也是当众讲话的重要一环。讲话者可以根据话语的表达方式、声音运用、身体语言的恰当配合来轻松调控现场，达到现场"为我所有"的效果。

具象地进行表达

在与人交谈时，如果你的话语中满是虚无缥缈的东西，听者很难听清楚你要表达的意思。听者抓不住你语意的本质，这样的话局自然毫无意义可言，说了也等于白说。

因此，我们在表达自己的观点时一定要具象化。具象是与抽象相对而言的，指的是既具体又形象。在口才表达中，具象的话语能让人一听就懂、一听就明，而且活灵活现。

要使语言的表达具象化，我们需要采用一些具体可感的口语来表达生活中容易出现的事物或现象，给听者造成一种身临其境、如睹其物、如闻其声的感觉。

15世纪时，哥伦布越过大西洋，发现了新大陆。哥伦布的伟大发现在欧洲引起巨大轰动，很多人视他为英雄。但是，仍有少部分人无视事实，总想给他制造一些难堪。

在一次政府为哥伦布举行的庆功宴上，有人向哥伦布发难，问他："听说你在大洋对面发现了新大陆，可是那又有什么了不起的呢？只要有人越过大洋，就一定能够发现它，这是一个非常简单的事情，你为什么要如此这般小题大做呢？"

哥伦布面对这个人的责难没有立即回应，而是先站起身，从旁边的餐桌上拿出一个鸡蛋，举起鸡蛋对来宾们说："大家请看，这是一个普通的鸡蛋，你们谁能让它立起来呢？"

宾客们听后，一个接一个地前来实验，可他们都无法让鸡蛋立起来，于是纷纷说这是不可能的事。在众人都失败以后，哥伦布拿起鸡蛋，轻轻地在鸡蛋上敲了一个小洞，以此为基点，轻易地就让鸡蛋在桌面上立了起来。

顿时，全场哗然。这时，哥伦布才转向那个发难的人说道："这不也是世界上最简单的事情吗？人人都可以办到，可你们却说这是不可能的事。可见，人们在知道一件事情该怎么做以后就谁都能做到了。发现新大陆也是一样。"

那个发难的人听后，满脸通红，再也说不出话来。

可以想象，如果哥伦布只是用"新大陆"这样的字眼来回击对方，必定得不到好的效果，反而会让自己陷入窘境。而他以鸡蛋做实例，构成了一个严密的模拟推理，并明确地表达了自己的观点——一件事情在还没有被证明之前就是极为困难的，但是只要有先行者找到了方法，事情就会随之变得非常简单。可见，用简单形象的事例对问题加以说明是最能让听者理解和接受的。

我国古代时的思想家墨子劝楚王停止攻宋，也用了类似的方法。

墨子听说楚王要攻打宋国，于是面见楚王，对他说："我在路上遇见一个人，放着华丽的车子不坐，反而要去偷邻居的破旧车子；有丝绸的衣服不穿，要去偷邻居的破衣烂衫；有山珍海味不吃，要去偷吃邻居的粗茶淡饭。大王认为这个人是不是有毛病呢？"

楚王笑着说："这人大概是偷上瘾了。"

墨子接着说："楚国地域广大，宋国地域狭小，不就好比是华丽的车子和破旧的车子吗？楚国森林广布，宋国树木稀少，不就好比是丝绸衣服和破衣烂衫吗？楚国物产丰富，宋国地瘦民穷，不就好比是山珍海味和粗茶淡饭吗？这样说来，大王攻打宋国，不就和那人有一样的毛病吗？"

楚王听完，立即下令停止攻打宋国。

墨子就用这样浅显易懂的事例说服了楚王，可见具象表达的巨大作用。

你在表达自己的观点时，如果自觉稍显高深，就不妨先用具体的事例加以引申，再过渡到抽象的事物上来，也就是先具体后抽象，才能让人轻易听懂。

在运用具象表达这种说话技巧时，要善于运用描摹的手法。首先要把客观事物的声、色、状、味都具体生动地描摹出来，给人一种代入感；其次将抽象的东西具体化、生活化、通俗化，让人容易理解；再次要活用大家熟知的典故，让听者从中得到启迪和教益。

慢一点更有效

有时遇到情绪激动的人，说话现场的气氛难免会紧张，缓解这种紧张气氛的有效方法就在一个"慢"字。

在平时生活中，也许有很多人遇到过这样的情况。他们在紧急情况下需要拨打110、120、119等电话时总是情绪激动，恨不得接线员也跟他们一样激动。可接线员说话总是不紧不慢，有条有理。有的人可能不太理解，实际上这些接线员都是受过专业训练的，他们不会像普通人那样抗压能力那么弱。

实际上，在这样紧急的情况之下确实需要慢一点。通常，当人们慌慌张张地报告事情时，如果另一方也火急火燎，人们反而会语无伦次，把事情说得乱七八糟，或是忽略了重点。但是如果另一方表现得从容不迫，则可能使报告的人也平静下来，将条理理清楚，从而做出对事情更有利的抉择。所以，在情绪激动的人面前采用慢一点的语气，是一种说话的策略。

慢一点对待因某些事情发脾气的人也同样有效。

在玻璃工艺品店工作的小琳有一次遇见一位十分挑剔的顾客，她为顾客拿了几件工艺品都没能让顾客满意。当时店里人员过多，小琳也就先去招呼其他顾客了。这可把那位顾客惹恼了，她把脸一沉，质问小琳："嘿，你这是什么服务态度？没看见是我先来的吗？"说完，她就往柜台上扔下一些现金，说道："快帮我结账，我还有急事。"

小琳见此，在安排好其他顾客后，微笑着对她说："请您原谅，我们店生意忙，对您服务不周，让您久等了。要是我的服务态度不好，也欢迎您多提宝贵意见。"这几句话说出来后，那位顾客反而没了脾气，说道："对不起，我说得也不好听，请你原谅。"

"有理不在声高"，面对发脾气的人时，说话并非要咄咄逼人，也不是非要炮语连珠。把话说慢一点，用温和的态度去对待，能产生一种感化力。

我们经常看到相声演员上台时总是一副从容不迫的样子。他们一般都是先慢慢地走上台，然后往四周缓缓扫视一圈，这才慢条斯理地打开"金口"。其实这也是他们的策略，就是先吊起观众的胃口，这样观众才会更加注意听他们的表演。

从心理学的角度讲，对于人们急于想要处理的事情，如果先以"缓"字诀应对，到真正让他们处理时，他们的心理状态将会变得比之前更稳重、更强大。清朝康熙帝任用施琅平台湾便是一例。康熙深知施琅急于攻台，却不先让他掌握水军实权，而只是将他放在北京静养，使得施琅心痒难耐。等到时候差不多时康熙再将施琅调往福建，结果施琅果真如下山猛虎，一举打下台湾。

说话跟办事一样，"慢功夫"应该是胜过"急性子"的。凡事欲速则不达，而慢却能稳中求胜。这就如同鸟类孵卵，昼夜不舍，用体温使卵内的胚胎发育成雏鸟，又如燕子营造巢穴，日积月累方才坚固，这其中强调的都是慢功夫。

因此，在讲话的场合中，如果真的遇到了情绪激动或发脾气的人不妨以慢来应对。先不急于反对他的意见，而可以招待他先坐下，给他沏壶好茶，这样减轻对方的怒气，再让他慢慢地将事情原委道来。

有时，微笑是很有必要的。俗语有言"伸手不打笑脸之人"，有的时候遇上事了如果你还能笑脸相迎，对方的怒气也会消去一半。如果你也一副苦瓜脸，那事情的麻烦程度必然会升级，让事情无从解决。

讲话中的声音运用

既然是"讲话"，那其主要形式就是"讲"，而声音就是"讲"的主线。声音具有感染力，听者听起来才会动听、悦耳，甚至会感到震撼。

拿演讲来说，同样的演讲词，有的人讲得好，听者掌声如雷，有的人就不一定讲得好，让听者听得昏昏欲睡。究其原因，很大程度上是因为后者演讲时对声音的把握不到位。

从某种意义上来说，在讲话时，口才实际上比文采更重要，文采是死板的东西，而口才是活的。高超的讲话者每一句说辞都能舒服地钻进听者的耳朵里，对方因此也能被深深地吸引。

讲话的高手总有自己"讲"的风格，他们有着与众不同的声音、生动而富于表现力的语调，这些都是我们需要借鉴的。

一般来讲，讲话中富有感染力的声音除了要求讲话者做到最基本的发音清晰、字正腔圆外，还有以下几点。

一、抑扬顿挫

抑扬顿挫的说话者总能令听者欢悦。试想，一位领导讲话时如果语气平平，又像连珠炮似的快速讲话，听者听了怎么能舒心呢？

因此，我们在讲话中要坚持抑扬顿挫的原则，具体来说就是张弛有度、快慢结合、断连得当。

1.张弛有度

科学研究表明，人们在听讲时，一般每隔六七分钟注意力就会有所减弱。因此，掌握好张弛有度的声音力度就能持续地吸引听众的注意力。对话语中出彩的部分可以加重语气，同时配以身体语言的运用；对话语中平实的部分则要降低音量。变化的声音将使你讲话的张力大大提高。例如在"我今天做了一件好事情"这句话中，"我"和"好"两个字是关键字，这两个字的音调就可以适当提高一些。

2.快慢结合

在讲话时，语速也是表情达意的重要手段。一般来说，快的语调可用来表达震怒、兴奋、急切、激昂等情感，而慢的语调则用来表达沉郁、悲哀、沮丧等情感。在讲话的过程中要注意语调快慢的交替使用，不可一直过快，也不可一直过慢，要做到快中有慢、慢中有快，且慢而不拖。这样能使讲话者的声音富有节奏感，具有一种特有的音乐美。

3.断连得当

讲话其实跟我们写文章一样，也是需要用到标点符号的。讲话中的停顿就是讲话的标点。讲话时，在列举事例之前、在给出妙语惊人的回答之后、在讲出了精彩的见解和完美的诠释之后、在讲出了奇闻异事之后、在转移话题之前，都可以稍微停顿一下，以此加深听者的记忆。美国前总统林肯在演讲时就很善于运用这一点，他在讲到某个重点时都会倾身向前，直接默默地注视听众一分钟左右，结果更加集中了听众的注意力，其力度比怒吼还要好。

二、缓、平、稳

讲话时要注意用语言的变化把基调定好，开始讲的时候需要做到缓、平、稳，声音不可太高。如果一开始讲话的声调太高，到了后面需要加重语气的地方时就会变得有如嘶吼。而如果一开始声调过低，后面要突出高音也会显得不太和谐。良好的讲话声音应该是有起有伏、有张有弛、前后照应的。

正如闻一多先生著名的《最后一次演讲》：

"这几天，大家晓得，在昆明出现了历史上最卑污最无耻的事情！李先生究竟犯了什么罪？竟遭此毒手？他只不过用笔写写文章，用嘴说说话，而他所写的，所说的，都无非是一个没有失掉良心的中国人的话。"

闻一多一开始并没有表现得有多么慷慨激昂，而是随着内容的发展，逐渐将感情爆发出来，最后取得了震撼人心的效果。我们讲话也应该这样，尤其是演讲，切不可一开始就将声调定得过高或过低，而是要以深沉平静的语调开始，这样整个演讲中你才会将声音收放自如，起伏错落、高低有序，让听者也听得舒坦。

三、认识你的语言

要想声音有穿透力，讲话者应该对自己要讲的内容了然于胸。对于从你嘴里蹦出来的每一个词、每一个句子，里面所包含的意义、思想和内涵，你都应该有深刻的了解。这样说出来的话自然会带有一种力量，渗透到听者的心中。

牢牢控制讲话现场的节奏

讲话者都希望自己能给听者一种干练、明快的形象，要达到这样的目的，就需要掌握好讲话的节奏。所谓节奏，是一种有规律、有秩序的变化方式，大自然中潮涨潮落、花开花谢、冬夏交替，都属于节奏。

节奏表现在说话中，可以是快人快语、疾言厉色、语重心长等。不同节奏的表现形式带着不同的感情色彩，同时也能给听者造成不同的"听感"。

通常，影响讲话节奏的因素主要在于讲话的快慢和说话内容的简繁。讲话节奏过快的人会给人焦灼之感，而节奏太慢又让人觉得你太拖泥带水、不爽快。

林肯是一个很注意讲话节奏的人。华特·史狄文曾在《记者眼中的林肯》一书中这样描述他："他会以很快的速度说出几个字，但是遇到他希望强调的词句时，他就会拖长声音，一字一句说得很重。然后会像闪电一样迅速地把整个句子说完……他会拖长所需要强调的字句，差不多与说其他五六句不重要的句子所使用的时间一样长。"

要在讲话中掌握好节奏，就要使你的语言简洁精炼，在有限的词句中尽可能多地承载有用的信息，这样你的说话节奏就是明快的。如果一个人说话空话连篇、言之无物,是不可能给听者较好的节奏感的。

说话的节奏不是一成不变的,而应根据所讲的话题该快的时候快,该慢的时候慢,该起的时候起,该落的时候落。有了这样的变化,语言才会生动,不然就会呆板不堪。

波兰明星摩契斯卡夫人到美国演出时,受观众之邀用波兰语给大家讲台词。摩契斯卡夫人在讲解中,语调先是流畅缓慢,既而渐渐转为热情,最后在慷慨激昂的语气中结尾。台下的观众不懂波兰语,但都感受到了一种语言的震撼,现场掌声如雷。没想到台下却突然传来一阵笑声,原来那是摩契斯卡夫人的丈夫。他之所以发笑,是因为摩契斯卡夫人刚才所讲的其实是用波兰语背诵的九九乘法表而已。

良好的节奏能使语言化腐朽为神奇,这就需要我们在讲话时把握好该加速和该减速的地方。一般在说人人都知道的事情、不太重要的事情,以及讲话的内容进入高潮、无法控制感情时,需要加速;而遇到需要特别强调的事情、特别严肃的事情、使人感到疑惑的事情、勉强控制的感情,以及提到数据、人名、地名时,需要减速。

此外,讲话时应该直接向听者表达出你的意思,最好是直奔主题,让讲的内容清楚明了,不拖沓。拖沓的语言内容极易分散听者的注意力,历史上就有很多因为讲话拖沓而遭到失败的案例。

1912年,英美开战,一位众议员也用冗长的演讲试图阻止通过对英宣战的决议。结果战火已经烧到家门口了,他却仍在喋喋不休,惹得听众席上轩声四起,最后还是另一位议员用一个痰盂扣到他头上才使他停止了演讲。

1957年，美国一位名叫斯特罗姆·瑟蒙德的参议员为了阻止《民权法案》通过，发表了一通演讲，历时二十四小时之久，结果遭到失败。

"言不在多，达意则灵。"要语不烦、字字珠玑、简练有力，才能不减听者兴味；冗词赘语、语绪唠叨、不得要领，必令听者生厌。

简单明了也需要注意，在表达重要的观点时，词汇或句子应该越少越好。比如，当别人问你几点钟时，你就不要去告诉别人钟表的工作原理。在讲话时注意不要堆砌过多的东西来表达你的主题，也要避免使用过多的修饰。

努力保持恰当的说话节奏，并在说话时根据具体的情况加以变化，能使自己说的话听起来富有节奏、速度适中，像悦耳的音乐一样吸引别人的注意。

让"眼神"来说话

眼睛是心灵的窗户，用好"眼神"这扇窗户，能在说话中产生奇妙的效果。美国思想家、文学家、诗人爱默生曾说："人用眼睛会话时，其优点几乎与舌头完全一样，眼睛的语言完全无须借助字典，全世界都能理解这种语言。"说话时有了好的思想，在用嘴表达出来的时候再巧妙运用"眼神"，能使你说出的话语更加深入人心，能积极引导听者对你的话语做出反应。

有一位演讲者曾这样描述著名的尼亚加拉大瀑布："二十五万块面包和六十万枚鸡蛋，越过悬崖而坠落，在河流中形成一块巨大的鸡蛋饼！白布从织布机上流到四千尺宽的河流中！一座大百货公司漂在河边上，坠下悬崖，摔得粉碎！你可以想象一下尼亚加拉瀑布的感染力如何！"这些话本来就是很形象的语言内容，但演讲者在说出来时还不时地随之皱眉、挑眉以及深邃地凝望，让听者听得如痴如醉，完全沉醉其中。

可见，"眼神"也是会说话的。我们在讲话时完全可以用"眼神"来帮助掌控现场。

从生活中我们能够感知到，讲话者如果视线向下，多表示自身的某种权威感和优越感；讲话者如果视线向上则多表示其服从和任人摆布；平视的目光则多表示客观和理智。

这是一般人说话时"眼神"释放出来的内心表现，高超的说话者对眼神的运用远不止这些。下面给大家介绍几种在讲话中运用眼神的方法。

一、前视法

前视法即指讲话者的眼神平直向前，以听者的中心为轴，同时照顾两边的听者，按照语句的表现形式以不同速度将目光推向更远的听众，直到目光落在最后面的听众头顶为止。

二、虚视法

虚视法即指"眼中无听众，心中有听众"。在讲话时可以将目光在场上不断地扫视，但实际上谁也没看，只是为了营造一种交流感。虚视法经常被用于演讲的场合中，尤其是那些初次上场演讲的人可多用此法。这种方法可以克服演讲者自己的紧张情绪，也免去了应对听众火辣辣眼神时内心的焦灼。此外，虚视法也可用于表现演讲中的愤怒、悲伤、怀疑等情绪。

三、环视法

环视法即指眼神从左至右、从右至左或从前往后环视每一位听众，视线呈弧形扫视。这种眼神环视法主要运用在感情浓烈、场面较大的讲话场合或演讲之中，在一般性的演讲中讲到重点时也可以用这种眼神环视法。

四、点视法

点视法即将目光聚焦于听众中的某一局部点，并且配合以手势和表情。在学校的课堂中我们就经常看到有老师使用此眼神点视法。讲话时，在听众出现不良反应时亦可大胆使用点视，在一定程度上能制止听者的骚动情绪。

五、闭目法

科学研究表明，人眨眼的频率一般是每分钟五到八次，如果眨眼的时间超过一秒，就是闭了一次眼。当众讲话时适当闭眼，也有不错的效果。比如，在讲话者心情过于紧张或讲到英雄人物壮烈就义时，都可以运用此法。

总的来说，还是提倡讲话者能用眼神和听众交流，交流的角度也要宽，要照顾到全部听众。我们平常也可以通过一定的训练来学会运用眼神。

练习眼神的方法很简单，步骤如下：

◎在距自己前方一米处找到一个点。

◎盯住这一个点看，在看的时候不能眨眼睛。

◎每天抽出时间来重复练习，直到你能连续五分钟盯住一点看且不眨眼睛为止。

◎接下来在此基础上有意识地在眼神中加入高兴、兴奋、欣赏、认同、智慧、慈祥、亲和、大哭、战斗等情绪，直到每一种情绪你都能用合适的眼神将它表现出来为止。

眼神的力量是无穷的，只要讲话者充满激情，再辅以独到的"眼神"，就能充分调动听者的情绪，使讲话更具吸引力。

注意你的手势和站姿

手势和站姿都是身体语言的一种，是我们讲话的有效辅助工具。合理的手势和站姿都能为讲话现场加分，美国前总统林肯就经常在讲话中有效运用手势。

为林肯作传记的柯恩登曾这样描述林肯："有时为了表示喜悦，他会高举双手大约呈五十度，手掌向上，看起来好像要拥抱那种情绪。当他想表现厌恶时，比如对黑奴制度，他就会举高双臂、握紧拳头在空中挥舞，表现出强烈的厌恶感。这是他最有效的手势，表现了他最坚定的决心，看起来他好像要把这些东西扯下来烧了一样。他总是站得很规矩，双脚并齐，绝不会一脚前一脚后，也绝不会扶在什么东西上面。"

手势在讲话中的使用频率是很高的，它能非常有效地调动听者的视觉神经。手势一般可分为习惯手势、指示手势、抒情手势、模拟手势四种。

习惯手势是讲话者惯用的手势，是在长时间内自动形成的，例如孙中山先生在讲话时就习惯拄一根拐杖。指示手势是用来指示具体而真实的形象的。抒情手势带有很强的感情色彩，如拍手表示兴奋，挥舞拳头表示恼怒，搓手表示不安等。模拟手势带有一定的夸张色彩，以"神似"为特点，常用在升华感情的交谈中。

用好手势的关键在于动作要"饱满"。出手时动作要干净利索，不能太细碎、小气；伸手时，要注意肩膀要处在一种放松的状态，不然会给人一种僵硬造作之感。总的来说，好的手势有这么几个要领：手臂抬、手腕硬、虎口张、手指并。

在运用手势时，我们一般用打开表示展示、前推表示给予、画圈表示整合、画线表示条理、外掏表示表现、上指表示激励、握拳表示肯定、摆手表示否定。

基于此，我们可以做一些配合手势的语言训练，如：

简单的招式练到极致（上指）就是绝招（握拳）！

天才（双手打开）是重复（画圈）练成的。

伟大（前伸）是折腾出来的（画圈）！

辛苦（握拳）三个月（三手指），受用一辈子（打开）。

要注意的是，讲话中的手势也不能滥用，过多的手势会让听众觉得讲话者过于张牙舞爪。要想达到好的效果，就要根据内容有需要地运用手势；做手势的时候尽量从肩部开始做起，而不是肘部，这样会显得较有力量，而且让听者看起来更为舒服。

再谈谈站姿，很多时候讲话都是站着进行的，尤其是演讲。因此，站姿也是说话中需要注意的很重要的一个方面。

讲话者标准的站姿一般是挺胸、收腹、气下沉、脊椎、后背挺直，双肩放松，双脚绷紧，稳定重心。一般站姿可分为前进式和稍息式两种。前进式站姿左脚在后，右脚在前，前脚脚尖稍向外斜或指向正前方；稍息式站姿是一只脚自然站立，另一只脚向前迈出半步。

我们双脚平行站立时，重心应放在中间；前后脚站立时，重心则应自然地放在前面的脚掌处。男士双脚分开站立时，距离不应超过双肩，女士最好是丁字步。站立时，下肢不要晃动；走动时，要重心前靠，身体微向前倾，后脚掌有前推的感觉。

全方位提高你的吸引力

讲话的效果需要讲话者调动语言、体态等全方位地向听者进行展示，除了前文提到的一些控制现场的讲话方法，你还应知道以下这些。

一、说别人愿意听的话

讲话是讲给听者听的，而不是自己吹牛，因此不可以随意乱讲。讲话要让听者愿意听你讲，最好的效果是当你停止讲话时他们还意犹未尽。因此讲话要讲听者愿意听的话，没有这样的水平，无论讲什么样的话都会以失败告终。

1863年7月1日，美国南北战争的葛底斯堡战役打响。经过激战，北方军队取得了最后的胜利。战后，葛底斯堡建起了国家公墓，林肯受邀到会演讲。之前，著名政治家艾弗雷特做过两个小时的精彩演讲。在这种情况下，林肯只讲了十句话，从上台到下台不过两分钟时间。可就是这两分钟的演讲，掌声却持续了十分钟。林肯的这次演讲甚至轰动了全美，当时的报纸评论："这篇短小精悍的演说是无价之宝，感情深厚，思想集中，措辞精练，字字句句都很朴实、优雅，行文完全无疵，完全出乎人们的意料。"就连艾弗雷特也写信给林肯说："我用了两个小时总算接触到了你所阐明的那个中心思想，而你只用了两分钟就说得明明白白。"

可见，讲话时一定要认清你的听者，考虑听者的反应，说他们愿意听的话。而且讲话的时间不要太长，简洁精炼的语句更容易让听众产生深刻的印象。一定要摒弃那种一人说到底、把听者排除在外面的做法，没有听者感应的讲话永远是徒劳的独角戏。

二、少说废话

在交际沟通中，我们很容易发现一些人喜欢在讲话中掺杂废话，他们说了很多，但具有实际意义的却不多。虽然这些废话不具有决定意义，但如果不注意，也会极大地影响我们的讲话效果。

有的人喜欢在讲话中使用过多的套语，如"当然啦""老实说"之类的词，此类套语均属多余，经常使用会影响表达效果，应尽量少说。

有的人喜欢在讲话中用过多的谚语。本来谚语是比较有说服力的，但使用过多的话也难免给人造成油腔滑调、哗众取宠的感觉，无助于说服力的增强。

随着互联网的发展，网络流行语也渐渐多了起来。有的人会在平常的谈话中过多地使用流行语。其实，偶尔地用些流行语无伤大雅，但用得太过频繁也会给人较庸俗的感觉。在面对老年人或不常用网络的人时，使用网络流行语还会给他们造成不明所以的感觉。

有的人讲话本来很精彩，但在言语之间却有很多无意义的杂音，表现为鼻子总是闷声响着，或者就像喉咙不通一样，要不就是在每句话开头拖个"唉"字。这些都不是有吸引力的说话方式，应该下决心去掉。

三、面部表情的运用

面部表情也是提高讲话者吸引力的重要手段。优秀的讲话者对自己的面部表情总是有很强的驾驭能力。讲话时，面部表情应适度，有一点点的夸张最好，但不要过度夸张，那样会给人一种滑稽可笑的感觉，让效果适得其反。

坚决不踩说话的"雷区"

当众讲话时，有些人总有一些毛病，结果一场话局结束往往没有取得丝毫的效果。但这样的毛病讲话者却并不自知，这些毛病就是说话的"雷区"。讲话者应该努力地去克服这些毛病，让自己讲的话回到正确的轨道上来。

下面我们就将这些"雷区"一一列举出来，以供大家借鉴。

一、随声附和＝没主见

很多人在讲话中有时是为了顾及别人的面子，有时是的确心里没"货"，便以随声附和来应答，但这样却容易给人造成你没有主见的感觉，也容易让听者觉得你较虚伪。

爱默生说过："要想成为真正的'人'，必须是一个不盲从的人。你心灵的完整性是不容许被侵犯的……当你放弃了自己的立场，而用别人的观点去看问题的时候，错误便产生了。"

因此，我们应该摒弃随声附和的习惯。尽管很多时候，我们思考和判断的结果可能确实跟别人不一样，但这不代表我们不可以把自己的观点说出来，只要你认为是对的。表达不同的观点并不代表要去争吵，无论何时何地都要谦逊而恭谨，你完全可以用"也许不一定对""我想是……"这样的词来进行表达，没有人会笑话你，也没人会说你不应该那样说。

二、不懂装懂＝无知

很多人不愿意当众承认自己的无知，于是在其他人谈到某一话题时也会积极地参与进来，假装自己很懂，想以此保全自己的面子。

其实很多时候，不懂装懂的话语很容易被人听出来，听者虽然表面不说，但心里早已经暗笑不已了。因此，我们应该承认自己有不知道的东西，毕竟人无完人。如果对方指出了你犯的一个错误，就要坦率地承认，这没什么大不了的。坦率承认不丢人，强词夺理才让人鄙视。

三、道人长短＝长舌

有的人喜欢在背后说人是非，这在古代被认为是小人所为。其实，是非自有公论，用不着在背后说三道四。不在背后议论别人也是有修养的一种表现，更是基本的为人处世之道。因此，凡与自己不相干的人和事都最好不要去说、去谈、去打听。

四、老套关系＝浅薄

有的人讲话时总爱对别人说我和哪个大人物、哪个知名人物认识，仅仅见过一面或是稍有交际的人都被他们说成是铁哥们、好姐们。这种张口闭口显示自己关系过硬的人只会给听者带来浅薄的感觉，让他们自己的信任度急剧下降。古人讲"静水流深"，真正有能力、关系硬的人不用当面去显摆就能轻易被人知晓。

五、话说太满＝不留后路

有的人说话时喜欢把话说得太满，不给自己留一点余地，结果反而自己也没有了退路。所以我们在承诺他人事情时最好给自己留一些缓冲的空隙，这样到最后事做成了才会皆大欢喜。

六、随意承诺＝无信

有的人在遇到别人有所请求时不管三七二十一都先答应下来，结果却发现自己做不到没法向别人交代。人是应该讲诚信的，一旦承诺了别人就应该尽力地为别人办到，实在办不到的事情就不要随意承诺。

七、搞小动作＝毁形象

有的人当众讲话时总是不由自主地搞一些小动作，比如玩弄笔杆、抠指甲等，这些小动作都是非常不雅观的表现。

八、摇头抖腿＝让人厌恶

有的人在当众讲话时喜欢摇头抖腿，抖腿时甚至累及桌子，引得桌子也不停地晃动。这样的人给听者造成的最直接的感觉就是——没有可信度，严重的甚至会让听者拂袖而去。

第八章
脱口演讲，交流更真诚

讲话的最高境界是演讲，演讲的最高境界是脱口演讲。脱口演讲被很多人看成是可望而不可即的能力。但其实，脱口演讲只是一种心理素质、语言能力，只要掌握好其中的关键点，有朝一日你也可以成为一个侃侃而谈的脱口演讲家。

提前打好腹稿

腹中有稿，心中不慌。脱口演讲需要我们展示的是机智的头脑，因此演讲中一定要抓住重点，不能拖泥带水。不打腹稿，自己心里事先就没有一个说话的方向和标准，可能让演讲索然无味。

在某次活动大会上，一位政府领导被大家要求上台讲一番关于城市发展的话。领导上台以后，听众们都用期待的眼神看着他，可是领导讲的话平淡无奇，甚至还有前后矛盾之处。领导也不知道自己该说些什么，到后来干脆从衣服口袋里掏出笔记本来照念，但这仍旧没有帮上他的忙，毕竟他在笔记本上记录的都是杂乱无章的东西，没有要点可言。

结果，领导一边讲话一边额头上冒出豆大的汗珠，听众们也听得呵欠连天。见此情况，领导只好把演讲草草结束了事。

事后，这位领导做了总结，怪就怪自己事前没有做精心的准备，以致临场时完全无法发挥，影响了自己的领导形象。

所以在脱口演讲之前，演讲者首先应该对演讲的话题做好充分的准备。有了既定的演讲话题就相当于有了一个思维框子，它能指引我们在演讲时朝着既定的方向前进，不至于出现前言不搭后语、语无伦次的现象。

在脱口演讲中，对话题的选择一般可遵循以下原则。

一、了解你的听众

在演讲之前，如果演讲者能掌握足够多的、详细的听众情况，就能很容易地找到腹稿的切入点，从而在开场时激发听众的兴趣。

在了解听众的过程中，演讲者应该不断问自己：听众是谁？听众的思想层次有多高？听众有些什么样的倾听需求？什么话题才能激发起听众的兴趣？

这几个点演讲者都应该心中有数。只有重视听众的基本需要，找到具有合理性、一致性并具有共享价值的话题，才能打好腹稿，为脱口演讲做好准备。

二、构思敏捷

脱口演讲一般时间都不长，但要表达的内容却很丰富。因此讲话者必须要在最短的时间内勾勒出演讲内容的框架，这是一个考验讲话者构思敏捷与否的关键。可见，"语言是思维的衣裳"，没有敏捷的思维就不可能打好完备的腹稿。

敏捷的构思要求讲话者具有渊博的知识。"巧妇难为无米之炊"，没有渊博的知识做底，若再没有敏锐的洞察力和临场发挥的能力，演讲者就很难讲出水平。但是知识的储备不是一蹴而就的，它需要讲话者在平常的生活中多读书报，多关注各方面的知识，刻苦训练、重在积累才能得来全不费功夫。

三、内容有独创性

脱口演讲的对象多是即兴聚在一起的，很多时候会有共同的主题。演讲者应该抓住这一重要特征，找到在场的人感兴趣的但又一时没有注意到的合适的话题。

在演艺界、体育界的颁奖典礼上，我们经常看到获奖人员只会说"感谢某

某"的话，仿佛除了感谢别的就不会说了。而因主演《焦裕禄》同时获得"金鸡奖"与"百花奖"两个大奖的"最佳男主角"李雪健领奖时却说："苦和累都让一个好人——焦裕禄受了；名和利都让一个傻小子——李雪健得了。"这一独创性的答谢辞刚一说完，现场立即掌声雷动。

李雪健的讲话就因为独特而被观众深刻铭记。我们在打腹稿时也要注意这一点，尽量找到和别人的思维不一样的点，在实际的演讲中合理地运用出来。

以上是构思腹稿的几个关键，要注意的是在构思腹稿的过程中一定要认真，切忌马虎了事。好的腹稿要避免以下几点：

◎对于不知道的事情强行冒充内行。

◎在公共场合谈论别人的缺陷。

◎谈论容易引起争论的话题。

◎诉苦，发牢骚。

◎重复别人已经讲过的话。

此外，脱口演讲还要"眼观六路，耳听八方"，注意及时捕捉现场观众的反应，并根据现场的信息对准备的腹稿即兴做出调整。

制造话题和观众互动

高明的演讲者能在演讲中找到一个有吸引力的话题，从而充分调动观众的积极性，让观众参与进来。在这种双方良性互动的氛围中，脱口演讲才能达到最好的效果。

可是在很多情况下，演讲者都会因为没有好的话题而苦恼。没有好的话题就会使演讲变成"独角戏"，听众对这样的演讲没有多少响应。确实，有吸引力的话题并不好找，但这也并非是没有技巧可循的。

首先，最基本的一点是你的演讲要是听众感兴趣的。

曾任美国电影协会会长的艾黎克·钟斯顿曾在俄克拉荷马大学的毕业典礼上做演讲，他这样开场："尊敬的各位俄克拉荷马的公民，你们想必都非常熟悉那些习惯于危言耸听的骗子。你们一定会记得，他们曾经拒绝将俄克拉荷马州列入书本，认为它是一种没有任何希望的冒险。"

艾黎克·钟斯顿先生所讲的事正是俄克拉荷马人所关心的。结果，他从第一句话开始就牢牢抓住了听众的耳朵。听众们甚至觉得他的演讲就是为他们准备的，所以才会聚精会神地听下去。

这一点非常重要，我们在演讲之前，一定要多方了解、挖掘听众感兴趣的点。面对一群财会人员，你不妨说："我会告诉你们如何节省一笔可观的退税。"面对一群律师，你不妨说："我有一个绝妙的订立遗嘱的法子。"你要想尽办法找到对听众有利的东西，而不是对你有利的东西。

除此之外，以下几种话题也能良好地带动听众的积极性，列举如下：

一、满足求知欲的话题

陌生和神秘的事物总能引发人们的求知欲。对于不知道的东西人们本能地想将其弄清楚，针对这样的奇闻逸事来展开话题将会让你在演讲中大大吸引听众的注意力。

二、刺激好奇心的话题

人是好奇的动物。西方甚至有谚语说"好奇害死猫"。传说猫有九条命，怎么也不会死去，但最后它却死在了自己的好奇上，可见好奇的吸引力有多大。演讲者可充分利用这一点，在演讲时绘声绘色地讲出各种奇闻逸事、传奇经历等，也能达到和观众良性互动的效果。

三、关乎信仰和理想的话题

现在人们的物质生活越来越丰富，对于精神生活的要求也变得越来越高。信仰和理想是很多人特别感兴趣的东西，尤其是面对青年听众时，可以多从这一方面入手，相信很能迎合他们当下的需求。但是要注意，谈论信仰和理想时不可假大空，要切合实际、符合时代。

四、娱乐性的话题

娱乐性的话题几乎人人都会感兴趣。现在的人们工作和生活的压力都很大，正需要以娱乐性的东西来为自己缓解压力。因此演讲时可以不时地穿插一些当下的社会热点、娱乐八卦等，达到在短时间内调动听众兴趣的目的。

在脱口演讲的过程中，我们也不妨试着加入一些"听众元素"，比如针对你的听众喊出他们的名字、介绍他们的经历，都有助于互动的开展，有时会让你收到意想不到的效果。不过，演讲者这样做的时候一定要事先进行认真详细的调查，以免念错名字，反而贻笑大方。

有好的开头就等于成功了一半

"万事开头难"，而良好的开头就等于成功了一半。脱口演讲是给听众听的，如果一开始就能把话说进听众的心里，就能及时地拨动听众的兴奋神经。美国口才与人际关系大师卡耐基曾作过这样一番比喻：演讲的开场等于飞机的起飞，如果开场失败了，那就是飞机没有起飞成功，后果很严重。

有很多脱口演讲者上台会紧张，在很大程度就是因为不知道如何开头。实际上，只要把演讲的前三十秒至六十秒处理好了，后面的演讲就会变得顺利，紧张感也会自然消除。

演讲的开头首先是要建立起听众对演讲者的认同感，然后是用新鲜的语言打开局面，切忌空话套话、老话旧话、大话假话。如果演讲者的开头就是一番奇言妙语、发人未见，造成"此言一出，举座皆惊"的艺术效果，就会立即打动听众，让他们急不可待地听下去。

成功的脱口演讲者都知道如何使用漂亮的开场白。通常，他们采用的方法有以下这些。

一、用故事开头

故事是大家喜闻乐见的形式，也是大家最喜欢听的内容之一。在演讲的开头讲一个与演讲内容有密切关系的故事，便能有效地吸引听众的注意力。

讲话就得有方法

1940年12月17日，正值二战的关键时刻，美国总统罗斯福为了说服一些目光短浅的议员，以期通过《租借法案》，全力支持英国，举行了一个意义重大的招待会。在会上，罗斯福说："尊敬的女士们，先生们！假如我的邻居家失火，在数百英尺处，我有一条浇花的水管，要是赶紧借给邻居拿去接上水龙头，就可能帮他灭火，以免火势蔓延到我家。但在救火前要不要对他讨价还价呢？喂，朋友，十万火急，邻居到哪里去找钱？我想，还是不要他十五元为好，只要他灭火之后原物奉还。如果灭火后水管还好好的，他会连声道谢；如果他把东西弄坏了，他得照赔不误，我也不会吃亏。"

听完罗斯福的话，立即有记者追问："总统先生，您所说的'水管'一定是指武器了。"

罗斯福："当然，我只不过以此来阐述《租借法案》的原则而已。也就是说，如果你借出一批武器，在战后得到归还，而且没有损坏的话，就不会吃亏；就算有损坏，只要别人愿意理赔，那也不算吃亏。"

就这样，《租借法案》顺利地通过了。

因此，在演讲时可多引用一些有趣的故事，这也是比较容易操作的一个方式。当然，在讲故事时一定要注意摒弃那些复杂的情节和冗长的语言。

二、用抒情开头

用抒情的方式开头主要是借助诗歌、散文等文学形式，用华丽的辞藻和饱含的激情来感染听众。例如，林肯在为独立战争时期一位烈士的遗孀辩护时说的话：

"现在，1776年的英雄早已长眠于黄泉，可是，他那衰老而可怜的遗孀还在我们面前，要求我们代她申诉。这位老妇人从前也是一位美丽的少女，曾经有过幸福愉快的家庭生活。然而，她为美国人民牺牲了一切，到头来却变得贫困无依，不得不向享受着革命先烈争取来的自由的我们请求一些援助和保护。试问，我们能视若无睹吗？"

三、用引用开头

用引用开头即指引用一些名人的名言、警句，或是一幅图片、一段视频片断等。如下面的开场白就引用了苏轼的话：

苏轼曾说过："匹夫见辱，拔剑而起，挺身而斗，此不足为勇也。天下有大勇者，卒然临之而不惊，无故加之而不怒。"这段话曾经一度颠覆了我对"勇"的认识，今天我就为大家讲讲这个"勇"。

如果脱口演讲现场有相应的设备，图片、视频也是很好的开头引用素材。如在拿出一幅图片或播放完一段视频后，可以按照演讲的内容有选择地询问听众，并引出主题。

四、用提问开头

用提问开头也是常用的一种开场方式，它能迅速地调动听众的积极性和参与性，如：

"为什么你的员工只要老板不在就不好好干活，做一天和尚撞一天钟？"
"为什么你总找不到好的方法说服你的老板，让他给你加薪？"
……

如果你的提问是大家感兴趣的，就一定能和听众互动起来。在提问的过程中要注意几个原则：

◎问题不要太难，如果问的问题听众答不上来，问了也是白问。

◎问题最好要有"陷阱"，能制造一些悬念。

◎问题本身是有答案的。

◎采用封闭式的提问。

五、用幽默开头

幽默的笑话、短句也是大家喜闻乐见的内容之一。幽默自然地具有让人开怀的作用，开场时讲一个笑话，也能让听众身心得到放松，专注到你的演讲中来。不过，在用幽默开场时最好配合一些肢体语言，表现出真情实感，求得和听众的共鸣。

用漂亮的结尾画上漂亮的句号

好的开场等于演讲成功了一半，而好的结尾则能使我们的演讲更加出彩。没有好的结束语就相当于一部精彩的电影在播放中突然遭遇停电一样，观众是很不喜欢这种演讲的。

有的人在脱口演讲中，爱在结尾时说"我要说的就是这么多了""我讲完了"，其实这都不是好的结尾，是演讲者无法对演讲做出总结的表现。

演讲的结尾应该感情充沛、饱含激情，就像美国作家约翰·沃尔夫所说："演讲最好在听众兴趣未尽时戛然而止。"

古希腊的哲学家苏格拉底由于受到指控说他不信仰大家都共信的神而被处以极刑。临刑前苏格拉底做了一番演讲，并以这样的话语结尾："诀别的时刻到了——我将死去，而你们还将活下去，但只有上帝知道我们中谁会进入天堂。"这番意蕴悠远的结尾是如此的精妙，以至于现在还被人们所铭记。

好的结尾能抒情言志，也能画龙点睛，让我们的脱口演讲取得意想不到的效果。

那一般要怎么给演讲结尾呢？

一、高潮式的结尾

所谓高潮式的结尾，就是在演讲中将主题升华到极致，在观众的情绪达到高潮时结尾，这样可以让听众的情绪久久不能平静，更能记住你的演讲。

如李公朴先生被害之后，闻一多就在演讲结尾时把听众的情绪调动到了极致，其结尾如下：

"一二·一"是昆明的光荣，是云南人民的光荣，云南有光荣的历史，远的如护国，这不用说了，近的如"一二·一"，都属于云南人民的。我们要发扬云南光荣的历史！

反动派挑拨离间，卑鄙无耻，你们看见联大走了，学生放暑假了，便以为我们没有力量了吗？特务们！你们看见今天到会的一千多青年，又握起手来了，我们昆明的青年决不会让你们这样蛮横下去的！

反动派，你看见一个倒下去，可也看得见千百个继起的！

正义是杀不完的，因为真理永远存在！

历史赋予昆明的任务是争取民主和平，我们昆明的青年必须完成这任务！

我们不怕死，我们有牺牲的精神！我们随时像李先生一样，前脚跨出大门，后脚就不准备再跨进大门！

二、格言式结尾

在演讲结束时，利用那些言简意赅、内容丰富、有着劝诫或教育意义的格言来收尾也不错，它能把演讲的主题思想和最后的总结浓缩出来。这里所讲的格言并非是名人专有的，演讲者也可以自己创造，只要简练、有意义就可以。正如帕特里克·亨利的那句"不自由，毋宁死"，讲完之后就牢牢地萦绕在了听众的心头，成了美国独立战争时期最有力的战斗宣言。

三、呼吁式结尾

呼吁式结尾就是运用带有号召性质的辞令，催人奋进，引导听众采取行动，这也是很多高明的演讲者常采用的方法。当然，运用此法之前，你与听众之间最好是已经达成了某种共同的愿景，在这个基础上，你便可以用感情激昂的、动人心弦的语言去大胆呼吁，去引起听众的共鸣。

四、幽默式结尾

让听众在笑声中收场也是一个不错的方法。卡耐基就曾说："最好在听众的笑声中说再见。"因此在结尾时，可以用一些幽默的话语或幽默的动作来进行展现，只要别出心裁，听众一定会买账。

五、赞颂式结尾

人们一般都喜欢听赞颂的话。在结尾时说一些赞颂的话，能使演讲达到一个小的高潮，同时也能拉近听众和演讲者之间的距离，给听众留下一个良好的印象。但要注意赞颂要恰如其分，不能过于夸张或庸俗，不然演讲者只会反受其累。

六、运用祝福语

这也是很多演讲者采用的方式。在演讲结束时，向听众们致以真诚的祝福，能使听众们感到温暖如春。

理清思路，讲话有序

脱口演讲的过程也是一个思维递进的过程。思维是语言的内容，是语言表达的过程，实际上就是我们把思维表达出来的过程。演讲要求我们必须要有很好的语言组织能力，啰里啰唆、说话停顿过长、前后矛盾的演讲是没人愿意听的。在语言的组织能力中，最重要的一点就是条理要清晰。

如果将一次演讲比作大树，那中心思想就是它的主干，演讲中引用的案例故事等就是大树的树叶，而思维就是连接主干和树叶的树枝。树枝决定树叶的分布排列方式，排列得好，大树自然就美观；排列得差，大树也不好看。

有的人可能认为演讲和写文章一样，都有一个思路的处理过程。可是很多人文章写得很溜，演讲却不行。其实，写文章的思路和讲话的思路是两码事，写文章时，提纲要求列得越细越好，而讲话要打的腹稿则是越简单越好。如果只是把写文章的思路沿用到脱口演讲中来，是肯定起不到好作用的。

所以，在脱口演讲的过程中，演讲者最好不要去背稿子，而是带着关键词去合理地构思。

有一位年仅十二岁的男孩理查德·图艾瑞，平时表现得非常腼腆，但在他有了在大众面前演讲的机会时他会十分珍惜。他通过几个月的时间精心准备，为自己的入学陈述演讲寻找合适的切入点和简洁有序的叙事方式。最后，他将自己在农场发明"驱狮灯"的故事清晰完整地表达了出来，获得了考官们的一致认可，最终为他争取到了得到肯尼亚顶尖学校奖学金的机会。

事实上，很多高明的演讲者演讲内容的逻辑布局都很严谨，有着层层递进、悬念迭起的关系，直到最后一刻才给听众恍然大悟的感觉。出色的逻辑能让一段讲话活灵活现，但这逻辑也不是一成不变的。每个人都有自己的思维方式，你需要做的就是掌握自己的思维方式，给讲话的内容设置一个不错的逻辑。不管你是讲故事还是提问，或是采用"过去、现在、未来""结果、因素、现象"等方式，总之都要事前给自己所要讲的话标好清晰的层次，以免到时候说不出个所以然来。

演讲者可以在演讲前对要演讲的主题进行仔细的分析观察，提炼出需要表达的主要观点和思想，再围绕这个观点和思想，将演讲内容分成若干小目标，在实现每个小目标的基础上，整个演讲就会渐渐丰满起来。当然，对于演讲的内容还要分清主次，哪些地方需要重点阐述，哪些地方需要一带而过，都要做到心中有数，演讲时就能够信手拈来。

突出你的真情实感

　　演讲者要想让自己的演讲达到说服人、鼓舞人的效果，就一定要注意在演讲中突出真情实感。毕竟人是群居的动物，每个人都会受到感情的羁绊，那些演讲时饱含真情实感的人更容易走进别人的内心。

　　在一次公开的演奏会上，著名的钢琴家帕德列夫斯基弹奏了一首肖邦的《玛祖卡舞曲》。此时，观众席上一位年轻的女士感到了极大的困惑，因为对照曲谱，她弹奏时敲击的音符和现在帕德列夫斯基敲击的一模一样，可她弹出来很普通，而帕德列夫斯基的琴音却极为美妙。年轻的女士所不知道的是，演奏中关键的不是音符，而是弹奏的方式。帕德列夫斯基在演奏中加入了自己的情感、艺术才能和个性，才让他的演奏如此与众不同。

　　高超的演讲正如帕德列夫斯基的演奏一样，融入了真情实感的演讲才能出彩。

　　在脱口演讲中，演讲者可以多谈一谈自己的亲身经历。毕竟亲历的事情带给演讲者的体会会更深刻，更能突出当时的情感，也更容易让听众体会到演讲者的情感。

　　在脱口演讲的过程中也可以转换一下立场，按照听众所想来说事情，这样我们的演讲会变得富有激情。

有这么一个实例。

美国在推行节俭运动时，有一批志愿者被美国银行学会纽约分会组织到全国各地演讲。有一个青年始终不能和听众沟通，为了帮助他，负责人一直尝试让他将自己演讲的题目变成自己的信仰。负责人对他说："每天都把这个题目反复想几遍，融入到你自己的价值观里去。你要相信，你是在替他们着想。"青年真的那么去做了，笃信自己正在进行的是一项了不起的社会服务。他再次上台演讲时变得自信多了，而且总能用他满载信念的语言感染大家。此时的他已经不再只是一个陈述事实的演讲者，而是一个传教士，他要努力地让大家都相信节俭的理念。

要想让自己在演讲中富有真情实感，就得完全相信自己的演讲，并且笃信你的演讲对听众是有益的，是听众想听的，这样才能打动你的听众。

在脱口演讲中可以适时地与听众进行一些互动，让听众完全融入你的演讲中，这样你的情感才能充分释放出来，演讲才会达到预期的效果。有的人也许会说，自己明明在演讲中投入了情感，听众却好像觉察不到，这可能是因为你自己唱了独角戏，没有让听众进入你的语境。

演讲的情形不是一成不变的。人的情感是来源于现实生活，并在长期的实践活动中不断发展而来的。有时候面对听众的不同反应要做出不同的情感回应，这并不容易，需要演讲者有良好的应变能力和合乎观众情绪的情感回应，才能真诚地打动听众。

要想真切地投入身心，突出真情实感，需要演讲者在平时的生活中善于从各个渠道丰富自己的情感、扩展自己的认识，让自己的内心情感变得更加充沛。在这个基础上再进行一些情感表达的训练，就能让自己更容易取得演讲的成功。

说话的"一简二活三口诀"

在脱口演讲中，"一简二活三口诀"是一个行之有效的小诀窍。所谓"一简"，就是针对论点而言，讲话的观点最好是一个字、一个词或一个成语。"二活"则是指针对论据而言，讲了观点，紧接着就用生动的事例、细节、数字等来说明你的观点，增强讲话的说服力。"三口诀"则是针对观点的组合来说的，就是把讲话的两个以上的观点，简化、压缩、串联成一个常用词，并排列有序。

一、简

有时候一个词、一个字就是观点，如仁、义、礼、智、信、开创、改革、学习等。"简"的目的是让演讲者的观点变得好记。要做到"简"，就要在写出讲话的观点提纲之后对它进行浓缩，最好是把一句话的观点变成一个词、一个字。只要去尝试，你就可以将原来的长句变成短语、短句变成关键词、词变成字。

先说长句变短语。下面的三个长句都可以变成短语：

统一思想，提高认识，切实增强转变作风、服务创业的紧迫感和责任感——变思想。

突出重点，真抓实干，切实提高转变作风、服务创业的针对性和实效性——抓重点。

加强领导，强力推进，切实加强转变作风、服务创业活动的组织实施——强领导。

上面这三个长句经过压缩以后就变成了"变思想、抓重点、强领导"，简洁有力，让听众立马就能抓住要点，也便于理解和记忆。

还有长句变成语，著名演讲家邵守义仅用四个成语就将口才的标准概括了出来，让人记忆深刻，他是这样说的：

"口才有没有具体的标准呢？我们说，口才是有具体的标准的。第一，言之有理，不是胡说八道、歪理邪说；第二，言之有物，不是杂乱无章、空洞无物；第三，言之有序，那就是有条有理，条理清晰；第四，言之有文，讲得生动、形象、活泼，让听众愿意听。"

再说短语变关键词。

著名主持人白岩松有一次在播音主持技艺提高班讲课，通篇只围绕三个关键词展开，他说："做主持人什么是最重要的？对我来说最重要的就是几个关键词：第一是人，第二是细节，第三是表达。"

在这里，白岩松开宗明义，一开始就提出了三个关键词，将观点提炼得特别鲜明简练，听众一下子就把三个关键词刻在了心底。之后，他再围绕这三个关键词——进行讲述，听众就好理解得多了。

还有词变字。

在我们的文字中，有些简单的字就能表达某种观点，例如看、听、问、说、表、型、声、言等。我们在简化观点时，如果能将观点提炼为一个字，那是最好的；如果不能提炼为一个字那也至少是一个成语、一个短语，以不超过四个字为佳。

二、活

在讲话中讲完观点以后，就要立即以生动的例子来围绕这个观点展开论述，可以采用的方式有很多，比如讲故事、用数字、讲细节等。

在讲话中要充分利用故事的作用，有人说："一张好图片可能相当于一千个单词，但一个好故事却能抵得上一万张图片。"可见故事在演讲中的作用。

要想讲好故事，讲话者首先要背熟故事和案例的情节，然后自己可以根据所讲的主题对故事进行适度的改编。在讲故事的过程中要尽量使用口语，不要使用生僻语，重要的内容用重音去表达，而且辅助以合适的肢体语言，这样你所讲的故事就会足够吸引别人。

讲话时要学会活用数字，精确的数字能给听众带来联想，给他们一种具象的感受。

1922年，美国有一名女性议员发表了一次为女性争取公平对待的著名演讲。演讲中，这位议员这样说："几天以前，美国总统在国会对全国发表讲话，我自己也在场，在我周围一共有七百多人。总统在发言中提到，坐在国会听他演讲的是美国政府的全体成员。而我仔细观察四周，发现在场所坐的七百多人当中只有十二名女性，四百三十五名众议员中女性只有十一名，内阁和最高法院中的女性数量甚至为零。"

在这里，这名女性议员用对比鲜明的数字形象地阐述了自己的观点。在这些数字面前，任何人都会承认她说的事实。数字有直观、具体的效果，能够较好地增强说服力，所以我们在演讲的过程中可以适当地辅以数据。所引用的数据最好是整数，如能对数据进行形象性的解释则更好。

还有就是讲细节，来看一个例子。

某地质工作队接到任务，要在三十天内打出一口油井。当时，所在地天气十分酷热，工作队面临着严峻的考验。但是，工作队队长丝毫没有退缩，他在面对领导质询时语气平和，面含不可更改的威严，当即表态："请领导放心，再艰难的天气也打不垮我们，任何队员受伤了、中暑了我都会顶上，只要我在工作队，就保证能完成任务。"

在讲话中将细节突出出来，能够增强感染力，在下决心、定目标等讲话内容中可以多采用此法。

三、口诀

此法主要是把讲话中小的观点用口诀的形式将其串联起来。例如，"一个优秀的领导干部要做到三明白：第一，想明白；第二，讲明白；第三，做明白。"三个明白九个字，形成口诀"三明白"，就非常简单好记。

口诀化一般有同字压缩、同音替代、同韵集合、同性相连几种。

同字压缩是在提炼出的小观点中，都包括某一个字，并且可以概括为"三……"、"四……"、"五……"等。例如温家宝在演讲时说的"四真"："我是很普通的人，从小母亲就教育我，对人要真实、真情、真挚、真切。一个人如果做到'四真'就达到了很高的境界。我想以这样的精神来与在座的朋友们对话，我可能回答不好大家的问题，但我敢说实话。"

同音替代是用相同读音的字来替代其他的字。比如说股市"煤"飞"色"

舞，就替代了"眉飞色舞"，形象地说明了当天的股市是煤炭、有色概念股走强的格局。

同韵集合是指总结出几个具有押韵效果的词语。如毛主席写下的对自己养生的体会："遇事不怒，基本吃素，多多散步，劳逸适度。"

同性相连是将性质相近的联系在一起。比如孔孟之道、老庄哲学等都是诸子百家的范畴，而红、黄、蓝、白等都是属于色彩的概念。

第九章
精妙演讲的制胜之道

演讲越精妙，越能打动人心。在演讲中，演讲者需要恰到好处地调和好与听众的关系，创造良好的氛围，获取讲话的优势，控制好演讲的现场氛围，只有做到这几点，才称得上是精妙演讲。

演讲者要有临场应变能力

在演讲时，演讲者和听众的关系并非一直都是和谐有序的。一场演讲中谁也无法预料会出现什么样的意外状况，一旦意外状况产生，就是演讲者和听众关系最为紧张的时刻，比如演讲者忘词、出现怪异的语调、听众不买账等。出现这样的情况时，很多演讲者往往惊慌失措，结果使局面愈加没法收拾。

慌乱化解不了紧张的局面，只有保持镇定、灵活应变才行。

美国前总统里根在一次演讲中，夫人南希一不小心连人带椅地跌落在了台下，引起观众一阵惊叫。等到南希回到座位上，这一插曲告一段落时，里根便适时地说道："亲爱的，我告诉过你，只有在我没有获得掌声的时候，你才应该这样表演。"一瞬间就缓解了这场小事故造成的紧张氛围，也赢得了听众的阵阵掌声。

可见，只要处理得当，意外局面不仅可以被轻松化解，甚至能为我们的演讲增姿添色。

一、如何化解自身失误

在演讲中出现意外情况时，演讲者必须迅速做出回应。演讲时是没有多余的时间让你考虑的，快速回答是缓解这种紧张关系的基本方式。

为使自己能够快速应变，演讲者不仅要具有丰富的知识储备，而且要有丰富的想象力。如果一个演讲者思维呆板、因循守旧，是很难在突发情况下创造出奇迹来的。

还有，演讲者在演讲时语速一定不要过快，越快越容易出现错误。讲话时慢一些，就可以多给自己一些思考的时间，减少错误的发生率。

如果演讲中真的出现了失误也不要慌乱，这时切记不要"死要面子活受罪"，而对自己做出一些适当的调侃是最合适的。

有一位演讲者在上台时不小心在台阶上摔了一跤，女主持人见此情况赶紧上来将演讲者扶起。演讲者站稳后，没有丝毫的慌乱，而是先把衣服整理好，然后对着听众们不慌不忙地说："女主持人实在是太漂亮了，我又怎么能不为之倾倒呢？"

演讲者略带幽默的调侃惹得听众们会心一笑，紧张的气氛立马缓和了下来，而且演讲者的机智还获得了大家的一致赞叹。

二、如何应对听众的逆反心理

演讲者面对的听众林林总总，其心理各有不同。有时候，演讲的内容如果不合听众的口味，就可能引起听众的逆反心理。

在遇到有逆反心理的听众时，演讲者一定要找到自己与听众的共同点，如年龄、兴趣、职业、经历等，制造一种和听众是"自己人"的感觉，以尽快获得听众的好感和信任。

苏联教育家加里宁在一次对中学生的演讲中就很巧妙地运用了这一点，他是这样说的："亲爱的同学们，我曾经也经历过像今天的你们一样的学生时代，我深知作为一名在校学生的追求和梦想。我的想法跟你们现在的想法一样，我唯一的希望就是你们能够好好学习，取得优异的成绩。这不但是你、我的希望，也是家长的愿望，更是政府、社会以及老一辈人对你们的共同期望！"

加里宁在这里就运用了"自己人"的方法，缩短了和听众之间的距离，获得了中学生的认同。演讲者采用这一策略时态度一定要是谦恭的，只有你真诚，听众才会接受，不然只能适得其反。

三、如何化解敌对局面

演讲者和听众间更紧张的关系是出现敌对局面的诱因，比如有听众故意刁难时，最好的办法就是欲扬先抑，贬中含褒，让问题迎刃而解。比如有位车间主任对与自己相处并不融洽的工人这样说："亲爱的同事们，今天我站在这里，不得不说，你们真的是太讨厌了。从你们听完这句话立马表现出来的脸色就能看出来，你们真的是越看越讨厌——讨人喜欢，百看不厌！"

幽默也是化解敌对局面的不错的方法。演讲者可以用幽默故意将刁难者的话语做出另一番解释，或者借题发挥，用幽默的形式表达出不满来，这可以很快地缓和当时不和谐的气氛。

演讲者在很难回答听众的问题时也可以采用顺水推舟的方法，顺着听众的意思说下去，让问题不攻自破。比如你在工作中业绩非常好，人际关系也不错，但却使经理感到强烈的威胁，经理这样问你："你做得不错嘛，人缘又好，是不是有什么别的想法？"你便可以说："怎么这么快这些信息就传到了你那儿？我本来想等超额完成这个月的任务后，再给你一个惊喜的。"顺水推舟的策略不会让人手忙脚乱，也能让提问者觉得自己的问题没什么意义。

避实就虚的方法也可以用来化解敌对局面。如果刁难者的问题难以回答，就不妨绕过矛盾本身，用另一种现象来掩盖问题的所在，巧妙回答。

假如听众的问题并非有意刁难，而是具有实际意义的问题，而演讲者又不太容易马上回答，则可以用以下语句先应对和过渡，如"你这个问题问得太好了""你这个问题一下子把我难住了"。在说过渡句的过程中迅速思考，缓冲紧张局面，最后给听众一个合理的回答。

创造良好的演讲氛围

有的演讲者顺利地完成了演讲的内容，但整个场面的气氛却很沉闷，听众不能有效地接收演讲的信息。因此，要想发挥最好的演讲效果，演讲者就要想办法创造良好的演讲氛围。

创造良好演讲氛围的方法很多，首要的一点还是要了解听众。关于这一点，前文中已经介绍过很多了，这里就不再一一赘述。

其次是要及时地和听众互动。要想把控好演讲现场的气氛，和听众的互动是绝对少不了的一环。当听众看起来有些困倦的时候，演讲者就可以利用休息的时间和听众互动起来，也可以在演讲中采用提问等方式与听众互动，起到调动听众积极性的作用。事实证明，随着听众的积极参与，演讲的氛围会充分活跃起来。

再次，用合适的演讲词可以营造出不同的气氛，这一点非常重要，它可以分为以下几点。

一、用呼告语引发热烈的气氛

在法国大革命中，著名政治家马拉不幸被刺客杀死在浴室中，此事在国民公会中引起轩然大波。一位名叫希罗的人趁势做了一番演讲。在演讲中，他在人群中对政治画家大卫大声疾呼："大卫，你在哪里？你给我们留下了为祖国献身的列比里契埃的形象，现在，你还有一项没完成的工作！拿起你的画笔吧，为马拉报仇！让敌人因看到马拉被刺时的真实情景而发抖！这是人民的要求！"希罗的话立即引起了听众的强烈反响，在场的大卫更是受到感染，马上应承道："好，我来画马拉。"不久，画坛杰作《马拉之死》便诞生了。

在演讲中利用呼告语以情激情、以心换心，能很好地激发听众的热情，引导他们直接参与到演讲中来，将现场氛围调动到高潮。

二、用宣誓词营造庄重肃穆的气氛

古希腊著名的医学家希波克拉底有一段深受医学界崇敬的医师誓言："我以阿波罗及诸神的名义宣誓：我要恪守誓约，矢志不渝。对传授我医术的老师，我要像父母一样敬重。对我的儿子、老师的儿子以及我的门徒，我要悉心传授医学知识。我要竭尽全力，采取我认为有利于病人的医疗措施，不给病人带来痛苦与危害。我不把毒药给任何人，也决不授意别人使用它。我要清清白白地行医和生活。无论进入谁家，只是为了治病，不为所欲为，不接受贿赂，不勾引异性。对看到或听到不应外传的私生活，我决不泄露。如果我违反了上述誓言，请神给我以相应的处罚。"

希波克拉底的誓词很自然地创造了一种庄重肃穆的氛围，也给听众带来强烈的心理震撼。

三、用反问语引发严肃自省的气氛

蔡元培先生在《就任北京大学校长之演说》中就多次应用反问语，如"今诸君苟不于此时植其基，勤其学，则将来万一因生计所迫，出而仕事，但任讲席，则必贻误学生；置身政界，则必贻误国家。是误人也。误己误人，又岂本心所愿乎？""教员之教授，职员之任务，皆以图诸君求学便利，诸君能无动于衷乎？"

反问语极容易让听众感到震撼，让听众不由自主地自省起来，因此能营造出一种严肃自省的气氛。但要注意，使用反问句时，态度要平实，绝不可有居高临下的气势，否则就没有效果。

四、用现身说法创造亲切可信的气氛

有的时候，演讲者把自己亲身经历的事融合到演讲中来，也能给听众造成亲切可信的感觉，调动起听众的热情。

此外，充分使用幻灯片、做些出乎意料的举动也是调动现场气氛的好方法。幻灯片能传播声像，富有趣味，也能让演讲不过于枯燥。做些出乎意料的举动则能让听众感觉到演讲的不一般，本来昏昏欲睡者也可能因演讲者的这些举动一下子提起精神来。

获取讲话优势的关键

演讲中如能获取讲话的优势，演讲者就能牢牢地掌控演讲现场，不管发生什么状况都能从容应对。那么，如何获得演讲中的讲话优势呢？

一、演讲中的称谓设置

不管是在演讲的开头、结尾还是演讲进行中，都要恰当地使用称谓，得体的称谓能够拉近演讲者与听众之间的距离，营造听众和演讲者共同的感受，同悲伤、同欢乐、同激愤、同思索等。

演讲中的称谓有泛称和特称两种。泛称是不分年龄、不分职业、不分层次的统称，如"同志们""朋友们""同伴们""女士们、先生们"等。特称是指对一些特殊行业、特殊职业听众的称谓，如"在座的各位老师""可爱的小朋友们""各位尊敬的评委"等。

称谓不只是简单的称呼，重要的是表达出演讲者的情感，融洽气氛。

有一次，著名记者景克宁在山西一所农业大学演讲时，对学生们就使用了这样的称谓："三晋热土，大地之子，绿色生命的守护神。"一下子就拔高了学生们的自豪之情，又拉近了和学生之间的距离。

称谓要发自内心，句句有义，字字含情。在使用称谓时，语气要缓慢。

同时，称谓要得体，在没有了解听众的情况下不要乱称，年轻的男性演讲者面对的是年龄大小不一的女士时，就不宜使用"女同胞们"这样的称谓。此外，演讲中也不要频繁地使用称谓，那样会显得空泛，也不会带给听众很好的感受。

二、使用摹状手法

摹状手法即将绘声和描状结合起来，增强听众的视觉和听觉感受，逼真地烘托现场气氛，给听众一种身临其境的感觉。如果可以，演讲者可以用口技摹声，也可以用形容词后附加重叠音节的方法摹状，如"风嗖嗖地吹着""波涛滚滚地涌来"等。

三、运用排比技巧

排比句经常被用于演讲中。所谓排比，即用三个或三个以上的结构相同或相近的语句表达相关联内容的一种句式。它可以加强演讲者的感情、加大演讲的力度和强化演讲节奏。在听众情绪低落、听众对演讲的内容感到难以理解或是演讲者觉得需要着重强调的部分，都可以运用排比的技巧。

例如，1941年12月美国总统罗斯福在对日宣战后的一番演讲：

十年前，在1931年，日本入侵中国——未加警告；

1935年，意大利入侵埃塞俄比亚——未加警告；

1938年，希特勒侵占奥地利——未加警告；

1939年，希特勒入侵捷克斯洛伐克——未加警告；

同样在1939年，希特勒入侵波兰——未加警告；

……

而现在日本进攻了马来西亚和泰国——以及合众国——未加警告。

四、处理篇幅较长的演讲

有些演讲篇幅较长，难免让听众昏昏欲睡。对于这种情况，演讲者在演讲前要向听众们简要地阐述这次演讲的目的、论点和方式，也给听众们打下一剂"预防针"，让听众们心中有数，才不会在后面的演讲中出现一些难以预料的事情。

五、准确把握演讲内容中的概念

演讲者在演讲之前应对演讲内容中的每一个概念都把握清楚，甚至要仔细推敲和斟酌，以免在演讲中出错。演讲中的话说出来就无法收回，因此一定要尽量表现正确的东西，尽量避免错误的发生。听众如果认为你的演讲有虚假的成分就会有一种上当受骗的感觉，让你的形象瞬间崩塌。

主动控制演讲现场

控制演讲现场简称为控场。多数时候，演讲者的听众是有层级之分的，比如背景、学历等差距，演讲者不可能照顾到每一位听众。有的演讲者就会因此而焦虑，从而影响自己的发挥。而事实上，高明的演讲者总会根据现场不同的情势，选择不同的策略来应对。

一、权威顺应

我们都有这样的感觉，就是在听别人说话时，那些地位高的、有威望的、普遍受人尊敬的人的话语往往更容易使我们相信，这便是权威效应。俗语有言"人微言轻，人贵言重"，说的也是这个道理。

而权威顺应，就是演讲者在演讲之中不妨着力渲染一下演讲内容的权威性，加深听众对演讲内容的理解，有效控场。如果不能这样，也要尽量把演讲的内容讲给听众中最有决定权的那部分人听，赢得他们的支持就等于赢得了大部分听众的支持。

这就好比在一场演讲比赛中，台下黑压压地坐满了听众，但比赛结果的决定权却只在那几个评委手中。我们演讲时不能只想着去迎合听众，更重要的是要打动评委。因此，演讲的内容要从评委的角度进行设定，你的演讲才能取得好的结果。

二、低阶顺应

所谓低阶顺应，就是在演讲中要让听众中层次最低的人也能听懂。例如老师在课堂上教学会照顾到最低层次的学生，即使优等生对简单的课程听得连连打哈欠也不会改变老师的讲课内容。毕竟，演讲的目的除了精彩还要兼顾普及，要尽可能地让每一个人都理解演讲的内容。一般来讲，低阶顺应较适用于信息传递的演讲，而在说服鼓动的演讲中则少用。

三、多数顺应

多数顺应是指要照顾好听众中的大多数人，这也是大部分演讲要采用的策略，毕竟有评委在场的演讲并不多，更多的演讲是讲给层次相近的特定的人群的。照顾好听众中的大多数人，才能保证演讲者的高收听率。

"9·11事件"之后，美国总统布什发表了一篇演讲，他开篇这样说道："遇难的乘客，有白领、商人、公务员，有父母、有夫妻，有亲人、朋友和邻居。"

布什这句话就很好地采用了多数顺应的策略，他话语中提到的一系列的人们的身份正好是听众中大部分人的身份角色，这种多数顺应便唤起了听众中大多数人的身份认同感，赢得了他们的关注。

不过，不同的顺应需要面对的是不同的演讲：如果使用权威顺应法，就要尽快判断出权威人物在哪儿，找到他们感兴趣的点；而使用低阶顺应法时要说得足够浅显易懂，同时要能忍受那些高明听众的白眼；使用多数顺应法时要时刻注意听众的反应，一旦大多数人表现出游离于现场的状态就要迅速做出调整。

即兴演讲的黄金模式

即兴演讲也叫即席演讲，指的是演讲者事先没做准备，只是临场被邀请上场演讲的一种模式，是一种不凭借文稿来表情达意的、随机自由的口语表达活动。

在生活中我们常会遇到很多即兴演讲的场合，比如同学间的辩论、酒席上的祝酒词、某场典礼的开幕辞、大会上获奖以后的答谢辞、对来宾的欢迎辞等。这些场合一般都不允许演讲者拿着演讲稿来念，演讲者必须根据现场情况临场发挥。

虽然即兴演讲较为随意，但很多人仍不能讲好。找不到思路、胡吹乱侃一通的情况屡见不鲜，这样的演讲自然不会取得多好的效果。其实，即兴演讲有一些通用的模式，简单来说就是抓住一条主线，如"过去—现在—未来"和"祝贺—感谢—希望"。

以"过去—现在—未来"为例，先看一下下面这篇演讲词：

尊敬的各位领导，各位嘉宾，朋友们！大家早上好！

今天，我们又迎来了一年一度的厂商盛会，与往年不同的是，我们一路互相追随，到了天之涯、海之角。此时此地，海角、天涯见证着我们十余年痴心不变的合作情谊！大家都知道，博鳌是亚洲论坛会议召开的地方，我们之所以选择这里，意味着我们准备以最高规格、最热烈、最国际化的方式和激情欢迎各位朋友的到来！请以长时间的热烈的掌声欢迎各位朋友的到来！

各位朋友，选在博鳌开会，意味着我们的视野更为宽广，"海阔凭鱼跃，天高任鸟飞"，一切迹象表明，新的年度，我们已经站在更高的发展起点上！虽然，2016年度IT业经历了原材料紧张、市场相对萎缩等多重考验，使我们一度经历了困难和考验，但我们在朋友们的鼎力支持下，众志成城，勇往直前，仍然取得了卓越的成绩！

国家信息中心、中华商务网、赛诺市场调研公司等权威机构一致肯定我们占据行业前四强的事实，我们是少数几个总销量正增长并且有大幅增长的企业之一！此次在博鳌召开盛会，同时意味着，2017年度将是我们全球化进程加速的年度！我们将向全球前三强通信企业的目标迅速迈进！

纵目远眺，我们的共同事业之基础将更加坚实，前景将更加明朗，道路将更加广阔！让我们携手走进蔚蓝时代，让我们以热烈的掌声迎接新时代的到来！

这份演讲就充分利用了"过去—现在—未来"这条主线。在即兴演讲没有良好的脉络时，不妨在开场白以后，从过去说起，递进到现在，再递进到未来，最后在慷慨激昂中结束这次演讲。这种演讲多用于职场陈词、职位感言、行业发展中。喜庆、获奖时的即兴演讲则可以采用"祝贺—感谢—希望"的方式，形式与"过去—现在—未来"相同。

例如，一位嘉宾在婚礼现场被邀请上台即兴演讲，他是这样说的：

首先，要祝贺新郎、新娘在今天喜结连理，恭喜恭喜。其次，要感谢新郎、新娘对我的信任，让我作为同事代表上台来跟大家说几句。我和新郎在公司共同成长，互帮互助，算起来，也可以说是半个男方家属了。这些年和新郎一起共事，感觉他特别亲切，在公司中的表现也非常出色，而且人缘又好，大家都很喜欢他。现在我们看见他娶了这么一位漂亮的女生，家庭事业双丰收，都真诚地为他感到高兴。最后，希望他们百年好合，早生贵子。

在会议发言中通常采用"谢、回、建、祝"的模式："谢"是指保持一定的礼节性，用感谢性质的话来开头；"回"是回顾，多是为了拉近距离，加深感情，为后面的发言做好准备；而"建"是建议、想法和意见，这也是会议发言的主体，重点是阐述自己的想法；最后是"祝"，是抒发对未来的畅想，祝愿未来取得辉煌的成就，是进一步的感情升华。

第十章
好好讲话的具体场景实战

好好讲话，说难也难，说不难也不难。在不同的场景中，有不同的讲话技巧需要我们掌握。因此，除了刻苦的学习之外，我们还应该将好好说话放到具体的场景中进行实战。唯有如此，我们才能真正地成为讲话高手。

闲谈：轻松而又不失风趣

　　"在造就一个有修养的人的教育中，有一种训练必不可少，那就是优美、高雅的谈吐。"这是美国哈佛大学前校长伊立特说过的话。闲谈也是我们日常感情交流的一部分，很多人认为闲谈可以自由发挥，随意说话，即使失误了也无关痛痒，这是极不正确的认识。在日常沟通中，如果不注意语言的沟通艺术，用错一个词、多说一句话都可能影响人际间的关系。

　　有一个笑话，说古时有一个书生夏天被蚊子叮得难受，书生一生气就对妻子喊道："贤妻，速燃银烛，你夫为虫所袭！"这话他妻子哪能听得明白，没有搭理他。书生更着急，又说："叫声贤妻，打个亮来，替为夫看看。"他妻子仍然表示听不懂，书生疼痛难熬，大声喊道："快点灯，我被蚊子叮咬了。"这才解决了问题。

　　可见，即便是闲谈也不能想什么就说什么。起码你说出的话要吐字清晰，要符合当时的规范，要让人听得懂，不能让人误解，不能词不达意，不能前言不搭后语。

　　一般来讲，轻松而又不失风趣的闲谈是最受人们欢迎的。虽说闲谈有一定的语言标准，但相较于其他场合的讲话来说，它又确实随意得多，掌握一些基

本的技巧就可以游刃有余了。

一、选择有效的话题

话题是指我们在谈话中要谈到的范围和内容，它是由一些相对集中的同类知识、资料组成的语体方式。在谈话中，要选择双方都感兴趣的话题，如几个适龄青年在一起可以聊聊婚恋情况；有购房需求的人在一起也可聊聊最近的房市。总之，话题千门百类，只要谈话的一方表现出兴趣就可以拿出来交流。

话题的选择最好是轻松一些的，太沉重的话题不适合于闲谈的场合。轻松的话题令人身心愉快，允许大家各抒己见、任意发挥。但是在交谈中切忌不懂装懂，卖弄知识，那样别人表面不说，但心底可能已经把你看作了一个肤浅的人。

由于人们经历、职业、兴趣等的不同，掌握的话题也各不相同，要想在闲谈时左右逢源，就要尽量扩大自己的话题储备。平时有意识地多关注各方面的知识，就会很自然地为自己积累一些谈资。

二、把握好度，不给闲谈的人施加压力

闲谈要变得有持续性，就不要给参与闲谈的人施加压力。有的人总喜欢在闲谈中去刨根问底地问人隐私，如"你工资多少""你结婚了没有""你买房了吗"这样的问话多少会让人有一丝不快，觉得答也不是，不答也不是。有的人可能还不以为然，自认为"就是想问问你工作怎么样嘛，这样才能和你走得更近"，殊不知，感觉好不好并不是你一个人说了算的，重要的是还要看对方的反应。

其实，隐私并非完全不能融入闲谈的场合，但我们要做的不是去索取信息，而是只需要表达一种态度就好了。比如说"你喜欢孩子吗""现在当父母，真的是挺不容易的"。这样的话只是表明一种态度，可能别人也有同感，

顺带着就把自己的情况介绍给你了，如"就是呢，我带着两个孩子，真是要了老命了"。看，不需要你直接询问，就直接得到了想知道的结果。因此，探听信息完全可以换一种方式，如将"你买房了吗"换成"你觉得现在投资房产是否合适"。

现在网络上充斥着各种炫富的新闻，其实在闲谈中，炫富的、秀恩爱的也大有人在。这类人在各种"炫"时也在无形中给别人增加了压力，说不定还会激起对方的激愤，变得就要和你"炫"上一番。其实"炫"大可不必，有时自我揭短的方式反而更能促进闲谈的友好进行，如"唉，我觉得最近这工作真是让我糟心透了。我看你在工作上顺风顺水，你是怎么这么上心的"。对方一听这话，就会很自然地向你透露一些东西，比单纯地"炫"某种东西可要实在多了。

此外，分寸也必须要把握好，对方喜欢听的就多说一些，对方不喜欢听的就绝口不提。开玩笑时也要看一下对方的心情、性格和所在的场合，一般情况下不要随便跟女性、长辈、上级以及性格内向的人开玩笑，当对方情绪低落时也不要开玩笑。

三、该拒绝时委婉礼貌地拒绝

关于拒绝这一点，我们再说具体一些，说说借钱。日常生活中经常遇到别人向你借钱的事情，这也是很多人不知道如何处理的一件事。你不想借吧，别人说你抠，你少借点给别人吧，别人照样说你抠，好像只有爽快地答应了对方，才不至于弄僵双方的关系。

真遇上别人借钱，可以先不关心对方借多少，而是关心别人借的原因。了解到借钱的原因后，如果不方便借，便可以做出和对方"同仇敌忾"的样子，如对方是为了买房，就说："唉，我最近也在计划买房，压力也很大啊。真是有心无力。""我也是这样啊，这房子也太贵了，你说现在的房市怎么这样啊。"表现出"同仇敌忾"的样子，不仅可以委婉礼貌地拒绝对方，同时在情感上也能下一个台阶。因为，对方用这个理由向你借钱必然觉得这个理由足够说服你，而你用同样的理由拒绝对方他就不再方便继续和你纠缠或就此否定你的理由了。

面试：把话说到面试官心坎上

中国有句老话叫"知己知彼，百战不殆"。面试好比一场战斗，战斗的双方就是面试官和求职的你。无论是刚从学校毕业的学子，还是想跳槽换工作的职场人士，都要过面试这一关。求职者当然希望在面试官那里留下最好的印象，除了自身的资历、学历、专业性以外，就是看面试的临场表现了，这其中，面试时的口才占有极为重要的地位。

一、面试口才的原则

1.尊重面试官

在面试的过程中，求职者首先要尊重面试官，这是最基本的准则，即便面试官的学历、职称不如求职的你，也应如此。尊重面试官是赢得面试官好感的第一步，无论面试官提出什么问题都要礼貌地回答，而非一味地产生对立的情绪，认为面试官是在刁难你。

某位名校毕业的博士生去一家单位面试，发现面试官只是一个三十岁左右的年轻小伙子，瞬间便产生了轻视之心，不仅答非所问，甚至还刨根问底地询问起面试官来，处处想显示自己优对方一等。结果可想而知，面试官被他烦得够呛，这次面试当然以失败告终了。之后，这位博士生又辗转了十几家单位，都是因为这个原因面试失败。

2.要有自信

面试者在面试时也要和当众讲话一样，要有足够的自信。很多面试者在面试的过程中会感觉紧张，甚至话也说不好，这都是不自信的表现。要想求职时变得自信，也可以参阅我们第三章中谈过的内容，进行有针对性的练习。

3.双向交流

求职是一个双向选择的过程，面试沟通也必须是双向的。有的面试者在面试的过程中总是面试官问什么就答什么，只会答不会问，这样的求职者被淘汰的概率也很高。面试者在面试时应该适时地对面试官进行发问，以获取招聘方的信息。同时，进行双向交流也能让面试官觉得你是一个能够自主思考的人。

二、面试时的语言技巧

1.仔细聆听

面试者在面试时一定要仔细聆听面试官的问话，最好是伴随一些适当的肢体动作，如微微的点头，或是"嗯""噢"等适当的附和。如果对面试官的问话把握得不是十分清楚，可以采用复述性的问话来进行确认，如"您的意思是不是……""如果我没猜错的话，您是准备问我……"。

2.勇敢自荐

当面对众多的求职者竞争时，求职者可以单刀直入，直接向面试官挑明自己的选择意向，展现自己的优势。如果面试官对求职者提出一些疑问，那恰恰给了求职者一个自我展示的机会，求职者应该抓住这样的机会，勇敢自荐。

3.妙用反问

面试官认为求职者有某一方面的"软肋"时，可能会趁势对求职者穷追不舍。这时求职者可以先肯定面试官的判断，承认自己的不足，然后不卑不亢地分析现状，亮出自己的长处，再以反问的形式迫使面试官做出回答，如"我是绝不会因为家庭的事情而影响工作的，就像我前面说的，经理您还有什么不放心的呢"。

4.少用"我"字

有很多面试者喜欢在面试中动不动就"我怎么样""我想"，这样做很容易让面试官认为你是一个以自我为中心的人，且有强烈的自我推销的嫌疑。所以，面试者要尽量改掉"我"不离口的毛病，多用一些陈述事实的语气。

三、面试时的自我介绍

面试时，自我介绍是绕不开的一环，不要以为自己是最了解自己的人，其实，说别人易，说自己难。要成功地做好自我介绍，并非一件易事。

1.礼貌问候

在自我介绍之前，最好将自己谦恭礼貌的一面展现出来，如跟面试官道声谢、打个招呼等，可以对面试官说："您好，真的非常感谢您给了我这样一个机会。下面我就简单向您做一个自我介绍……"介绍完成后也要礼貌地向面试官致谢，如有其他的面试人员在场，也可一并致谢。

2.主旨鲜明

自我介绍一般会包括姓名、年龄、学历、工作经历等，但是也不必面面俱到，重点是按招聘方的要求，围绕一个中心来说话。例如，招聘方很看重工作经历，那就重点介绍工作经历的部分，对于其他的点可一带而过。如招聘方对求职者的自我介绍没有特殊的要求，也最好在三分钟内结束，切忌拖泥带水，或是漫无边际地闲谈。

3.陈述事实

面试者如果有十分优秀的地方可以直接向面试官说出来。俗语有言"事实胜于雄辩"，说具体的事情永远比只是说"我的业务原来是最好的""我的成绩原来是最优秀的"这样的话来得实在。

4.避用保证式语言

有的面试者在介绍中会说一些保证性的话，如"如果我当组长，我保证让业务有起色"。这些话其实很容易引起面试官的反感，毕竟面试时谁也不知道你有没有能力，而且也无法证明，因此只需客观地展示自己的实力即可，完全没必要因急于求成而说一些不留后路的话，要是遇到较真的面试官，这样做很可能你们的谈话就无法继续了。

5.准备好一句让人记住的话

自我介绍时，如果说出一些让人印象深刻的话，是能在面试官面前加分的。比如，有位求职者这么说："我毕业于一所没有名气的大学，但请看看我过去十年的工作成就吧！"这句话明确地突出了他的精明和强干，也使他最终战胜了势均力敌的竞争者。

四、面试的问答技巧

面试时，面试官必定会向求职者提出很多问题，如果面试者回答得好，就可能让面试官对他产生好感。

1.问题一：你为什么从上一家单位离职

有时候面试者觉得这是一个难以启齿的问题。其实不然，你完全可以实事求是地回答，不要犹豫。你可以说"那份工作不是我想干的"或者"我和上司产生了一些分歧"。

2.问题二：你的实力怎样

对于实力，不要只是说一些虚无的词，如办事果断、业绩突出、反应敏捷等；最好是说出一些具体的事实，如"我当时卖出的某某产品比别的同事都要多。"

3.问题三：你想要多少薪资

对于薪资，面试者不要说得太低，那样会让面试官觉得你的能力不足；也不要说得太高，吓跑你可能的雇主。最好是说一个期望的范围，如"我希望是在八千到一万之间。"

4.问题四：你能为我们做什么

对于这个问题，面试官可能是想调查你是否对公司做过研究，因此不能说一些不着边际的话，最好是结合公司的业务来说，如"我觉得在某些领域，我能充分发挥我的专业特长和能力，为公司的进一步发展贡献自己的力量。"

5.问题五：你有什么弱点

面试官询问你的弱点，是要看你是否坦诚，如果有就说出来，这并不可耻，但同时要表明自己能够改正这些弱点，或者可以说一些自己之前在某方面失败之后又马上重新振作取得成功的经历，让面试官觉得这些弱点其实并不影响你在工作中的发挥。如"我的弱点是常常出现一些急躁的情绪，但是我想随着年龄的增长和经验的丰富，我是会不断改正的"。

6.问题六：你喜欢什么样的老板

面试官这样问时，其实是想看你是否能跟未来的老板和谐相处。正确的回答应是"我喜欢那种能力高超、意志坚强，能跟他学到东西，能给我机会，给我指导，必要时又能给我批评的领导"。

会议：有的放矢，分寸有度

会议是职场中人绝对绕不过去的一环，每一个身处职场中的人都会面临大大小小的会议。而会议又几乎是一个纯语言的场合，如何在会议中发好言、讲好话，是决定你职场高度的一个重要方面。

一、会议中发言的技巧

一般公司的会议都有数量不等的领导和员工，众目睽睽之下很多人会无缘无故地紧张，有时只会"嗯""啊"地敷衍应对，这些都不能给与会者良好的印象。你必须学会在会议中主动发言，勇于发言。

1.准备好再发言

在会议中发言时一定要有所准备。这里说的准备，不是要你发表演讲，而是要将自己的思路理清楚。这样你在发言时才能有的放矢，直指重点。你可以发表自己的观点，也可以对别人发表的言论进行延伸，合理有序地将你的思想表达出来。

为了做到这一点，在会议进行中你需要全神贯注地聆听会议的主旨。在主讲人说话和别的同事发表观点时，把你认为重要的东西先写在便笺上，在脑海中随时根据会议的发展将话题点列出来，再分析与会人员感兴趣的点，理出一个思路，以做好发言的准备。

如果你有一个想法，想要将它阐述出来，这时就不要用过于生硬的语言，而应尽量用一种带有商榷的语气，如"我们是否该考虑……""大家看看这样可不可以……""我们是不是该重新评估一下……"等。

2.摸清会议的气氛

在会议中发言时还有一点很重要，就是摸清会议的气氛，不是什么场合都适合大谈特谈的。假如你的老板正在会议中责骂下属，此时就不适合发言。假如你的老板并不喜欢别人打断他的谈话，也不要冒失地表示你要发言。因此在会议中要注意观察会议的情形及与会人员的个性特征，要适时地发言，千万不能莽撞，否则只能适得其反。

3.适合发言的内容

不管是领导还是同事，总是喜欢简练、有重点的发言内容，谁也不愿意与一个在会议中说话拖沓，却又不着边际的人耗着。因此，你的发言要有重点，要考虑周全。例如提方案，就要做好假设性的前提，你可以说"我们基于如下情况，做了这么一个方案"。同时，要尽可能地多做出几个方案做备选，以免别人对你的这一方案提出质疑，让你陷入进退维谷的境地。多准备几套方案，才能让你掌握一定的主动性。

另外，在会议上发言时，非主讲人说话最好不要超过五分钟，毕竟与会人员的注意力也是有限的。

4.有功劳就说出来

有的时候，会议中需要大家展示业绩，或是说明工作状况，这时候是千万不能"谦虚"的。如果你沉默不说，或是把功劳归结给别人，只会让领导觉得你什么都没有做，降低你在他心目中的期望值。因此，如果是在会议中有这方面的发言，你就一定要将你的功劳展现出来。当然，这样的展现要实事求是，夸大其词同样是没有好效果的。如果这份功劳是属于整个团队的，就要把这个团队展现出来，不能大包大揽在一个人身上。

二、会议主持的技巧

会议主讲人最重要的是要在会议中显得从容不迫，而会议主持人必须要做到以下几点：

◎对会议的流程要很熟悉，并能根据会议的流程适时地调整自己的台词。

◎随时观察会议现场出现的状况，并能根据这些状况随时做出富有主见的调整。

◎主持的风格要随着会议的性质及时做出改变，该庄重时庄重，该活泼时就要活泼。

◎对会议的时间要严格把控，不可缩短或延长太多时间。万达董事局主席王健林主持会议时从不会缩短或延长超过五分钟。

三、会议总结发言的技巧

会议的总结发言是对会议总结性的陈述，也是一场会议的点睛之笔。一般来讲，会议总结发言的方式有以下几种：

1.穿珠式

一场会议中，与会人员在头脑风暴下必然擦出了不少思想的火花。会议主讲人在会议中应记录在案，在会议结束时将这些有灵性的观点串联起来，形成一个颇有价值的总结发言。

2.归纳式

在一场会议中，参与会议的人员可能列举了很多互有联系的事实。在会议结束时，主讲人可以将这些事实归纳在一起，给与会人员找出其中有规律性的东西。

3.升华式

主讲人对会议中与会人员的发言和阐述出来的思想加以升华。毕竟大家对会议中的发言的认识不会太深刻，而这升华的工作就可以由主讲人来做。

4.评论式

主讲人可对这次会议的效果、大家做出的各项发言做一个中肯的评论。在这个评论中，主讲人应该表明自己的态度，同时要注意发言的方式，不可因为评论而伤害了会议中某些人员的自尊心。

5.拍板式

在一场成功的会议中，可能大家已经对某一项议题讨论出了大致的方向，这时主讲人就应果断拍板定案，同时感谢大家。

主讲人在总结会议时可根据实际情况灵活选用以上五种方式中的一种。但不管选择哪一种都要肯定大家在会议中的贡献，这是对与会人员的一种尊重，同时也为下一次会议做好铺垫。

汇报：言简意赅，突出重点

在职场中，下属需要向上级汇报自己的工作，上级又多会通过下属汇报的工作来判断下属的工作能力及主动精神等。尤其是怀疑型的领导，下属不常来汇报工作，便会单方面地认为下属没有处理好工作，或是因为偷懒没有完成工作。对于这种上司，下属更应该勤于汇报，哪怕只是完成了工作的一小部分也要让上司知道你干了什么。

汇报工作也算是一个语言味很重的场合，除了看你展示的资料、文件以外，就要看你"说"的能力了。

一、想好了再说

工作中，有的职员在自己都还没搞清问题的情况下就匆匆忙忙地跑去找领导，结果等到领导问起他时他却是一问三不知，平白地让领导瞧不起。因此，在汇报工作之前，不论是书面的还是口头的汇报内容，都要事先做好准备，想一想我要汇报什么、汇报内容的意义和价值在哪里。对这些做到心中有数，才能做好汇报工作。

二、言简意赅

所有的领导都只欢迎简洁、有力地汇报。话虽然简洁，但该说的都要说到。有的职员在向领导汇报工作时，往往为显示自己的努力而夸夸其谈、滔滔不绝，除了说自己的工作，还把别人或其他部门的工作情况也摆了出来。这样的汇报只会让领导生厌。领导多数时候要的只是结果，你拿出来的结果让他满意了，他就能够体会到你在工作过程中的付出。领导听取汇报，重点也是在结果部分。比如领导要你去洽谈举办年会的场所，他想听的便是这场地适不适合、在什么日期能租下来、费用是多少。

同时，要说就说自己或自己的部门，能不牵扯到别的人或别的部门的，就尽量不要牵扯，不要让领导觉得你是一个心眼很多的人。

三、突出中心

没有中心，泛泛而谈的汇报方式永远不受领导欢迎。如果汇报的是不尽如领导意思的内容，就需要你把熟悉的某种情况作为突破口，抓住工作过程和典型的事例来加以分析、总结，这就是汇报的"王牌"。

某建材公司的吕超从市场考察回来以后，找到了经理。

经理见到吕超，开门见山就问："怎么样？"

吕超坐定后并没有急于回答经理的提问，因为他知道这次考察中包含不利的情况。从他对这位经理的了解来看，如果直接汇报肯定会惹得经理不高兴，说不好还会让经理认为自己在工作中并没有尽力去做。

经理见到吕超的样子，也猜出了其中肯定有一些不利的因素，便改用了另一种方式来问："是否有不利的情况？还有没有挽救的可能？"

吕超这时回答得倒十分干脆："有。"然后说了自己的看法："这个客户不愿意用我们的产品，主要是他们已经答应了别人从另一家公司进货。"

"那你怎么看呢？"经理怀着期待的目光。

"我是这样想的。我们公司的产品比起别家的产品来有着天然的优势，不仅质量好，价格也公道。最重要的是，当地的很多客户都用我们的产品，和我们有着良好的合作基础。这个客户答应了那家公司，主要是因为距那家公司近，而且那家公司可以送货上门。如果我们在当地设立一个代理商，那就能轻松地解决这个问题。"

"很好。"听到这里经理露出了笑容。不久，经理专门把吕超调到销售科，让他从事产品销售，吕超很快就打通了那家客户的销售通路，获得了大额的订单。

在这里吕超不只是将不利的结果展现出来，更主要的是说出了自己的分析和解决的办法，让领导打消了疑虑。因此，遇到问题时不要只是将问题抛给领导，让领导去解决，最好是自己先理顺一遍，看有没有好的解决方法，然后一起汇报给领导。这才能反映出你工作的质量，赢得上司的认可。

一般来说，汇报工作有五个要点需要汇报者明确，具体如下：

◎目标明确——要知道自己这次汇报的是什么、为什么汇报。

◎能简能详——一般性的汇报最好在十分钟内完成，要简洁。如果是特定的长时间的汇报可以说得详细一些。

◎条理清楚——汇报中要分析与综合、事实与思想并行，充分展示你的工作能力。

◎多种形态——汇报时不用全靠一张嘴，也要合理地运用多媒体和文件，必要时也可以做一些PPT。

◎数据准备——汇报前充分搜集各方面的数据，并将这些数据形象地呈现给领导。

此外，汇报工作时也要区别事实和自己的感觉，毕竟这件事情领导没有亲临，他是不好判断这是你的主观感受还是事实就是这样的。不要给领导错误的诱导，如果让领导下达了错误的指示，责任也会归咎于汇报者。

推销：让"NO"变成"Yes"

假如讲话者是一名推销员，那么他讲话的目的就是将产品成功推销给客户，让客户的态度从"No"变成"Yes"。

推销的口才技术是一门大的学问，有很多技巧可言。聪明的推销员总是知道如何用话语去打动客户。但毕竟这样的推销员只是少数，大多数推销员都在口才的训练中苦苦奋斗。这里我们就介绍几种推销中的语言艺术，为推销员在推销时的应用做参考。

一、合适的开场白

推销员在与客户谈话时，良好的开场白是成功的一半。推销员可以首先唤起客户的好奇心，把客户的兴趣点调动起来，再讲出自己产品的优势。

20世纪美国伟大的汽车推销员乔·吉拉德在拜访客户时，会把一个三分钟的计时器放在桌上，并对客户说："请给我三分钟时间，如果三分钟时间到了，您不要我继续讲下去，我一定离开。"这样新奇的开场白往往能让客户静心听他谈话，并随之对他售卖的产品萌发兴趣。

在开场时，推销员要充分考虑客户的利益，帮顾客选择利益。如果客户很在意时间，就可以采用乔·吉拉德的策略，如果客户很在意其他方面的利益，就从别的方面去入手。

有时，用一句强烈的陈述或是大胆的问句来开头也不错，比如卖图书的这样说："如果您读了这本书十分喜欢，您会买下吗？""如果您实在没有发现这本书的乐趣，您就把这本书打包寄回给我，行吗？"

推销中有一种"7+1成交法"，即如果你持续地询问客户六个问题，只要这几个问题对方都说"是"，那你在问第七个问题时对方也会很自然地说"是"。只要这些问句不让客户找到说"不"的理由，你的开场白就算是成功的。

二、巧妙诱导套近乎

1.将心比心

在推销中最常见的一种情况就是：你尽管有理，但客户仍然对你心存疑惑。这时最好的办法就是向客户说出你的看法，然后让客户自己得出结论。

如以下两种推销洗衣机的话术。

甲："太太，您这台洗衣机太旧了，用旧的洗衣机洗衣服很浪费时间，我看您还是换一台新的吧，这是我们的……"

乙："这台旧洗衣机真的令人怀念啊，它一定很耐用，对您有过很大的帮助吧？不过它确实有些年头了，您是否考虑换一台新点儿的呢？"

毫无疑问，乙的话语才能引起客户的兴趣，而甲的话语就容易引起客户的反感。可见，在诱导客户时要多从双方的兴趣和经历上去寻找共同点，诱发共同语言，为接下来的交谈创造一个好的氛围，才方便对方接受你的意见。

2.巧用对比

有时候，在推销中巧妙利用对比，效果将不言而喻，可以轻易地说服一些有抗拒心理的客户。

有一个草坪修剪工在和一名家庭主妇谈论去她家修剪草坪时，主妇说要回家和丈夫商量。草坪修剪工便问主妇："太太，您每周去超市购买日用品要花费多少呢？""大概二百五十美元。""那您每次去超市需要和丈夫商量吗？""当然不会。""这就对了，我注意到您每年去超市要花费一点二万多美元都没有和丈夫商量。而我们现在谈论的仅仅是一个两百美元的决定，因此我相信您的丈夫应该不会介意您做主的，对吧？"草坪修剪工成功地谈下了这笔生意。

3.适当否定你的产品

有的时候，推销员并不需要对自己的产品大说特说怎么怎么好，适当的否定也能"套上近乎"。比如："这款化妆品并不适合那些油性皮肤的人，但对你却非常适合。"推销员必须清楚，你推销的东西只针对当时的客户而不是所有的人，因此你可以把和客户无关的缺点进行展现，这并不影响客户的决策，这样还能让你和客户间建立起信任的关系。

三、应对不同年龄的客户

客户的年龄不同，消费心理也有所差别，因此有必要对他们运用不同的推销方法。

1.应对年轻客户

年轻人总是对事物充满热情，喜欢追随潮流。因此在向年轻人推销产品时，可以告诉他们这件产品很流行，富有创意，要吸引他们进行各种尝试，尽量告诉他们一些他们不知道的东西。只要成功地吸引了他们的注意力，你的推销就算成功了。

2.应对中年客户

中年客户较为稳重，同时经济条件也比较宽裕。在向中年客户推销产品时不要过多地耍手段，这很容易被他们识破。也不要夸夸其谈，应该真诚地和他们沟通，对你的产品特点进行精准的提炼，告诉他们使用产品的诸多好处就可以了。

3.应对老年客户

老年人大多比较孤独，他们也较为乐于与人谈话，对推销员也不例外。但是老年人也很固执，还很孩子气，喜欢受到称赞。因此如果推销员抓住老年人的这些心理，适当地赞美对方，就可能轻易地赢得他们的好感，让他们改变想法。

四、电话推销的语言技巧

现在，电话推销已经成了推销的一种常用方式，既省时又省力。在进行电话推销时，事前一定要做好准备工作，拟好推销计划，最好先写下几条要说的内容，以免在交谈过程中忘记了重点。打电话要尽量避免高峰时段，如果对方较为忙碌也暂时别去打扰。

在通电话的过程中，你需要找到对方的关键人物，不说"能否帮我联系一下你们经理"而是大胆地说"我找一下你们的经理"，效果反而更好。在找到关键人物时，态度要热情礼貌，致谢、问好、表明身份都是必须要说的，之后要根据对方的需要有针对性地介绍产品。整个对话内容要简洁明了，以不超过五分钟为宜。电话结束时要向对方致谢，同时做好记录，以方便下次通话或准备面谈。

谈判：变冲突为合作

谈判是生活中经常用到的一种方式，是一种协调人们行为的方式。商务合作中遇到问题了需要谈判；在工作中，如果想向老板协商加薪需要谈判；在日常交际中和别人出现了裂痕也需要谈判；甚至买卖商品时的砍价也是一种谈判。

谈判的本质是交换，即交换双方需要的不同的事物。如何打破僵局，就是谈判的精髓所在。

一、谈判用语的原则

一场谈判是双方交流意见观点的过程。谈判者不仅要清晰地表达自己的观点，还要聆听对方的观点，才能找准突破口，达成某种协议。要在谈判中掌握好话语权，就要先了解谈判的一些用语原则。

1.准确性

谈判是关系到切身利益的事情，因此在谈判中一定要准确地传达自己的信息，把自己的立场、观点准确无误地传达给对方，让对方有一个正确的理解。如果做不到这一点，谈判必定会朝不利的方向发展。

2.针对性

谈判时，需要针对不同的谈判对象，采取不同的讲话策略，要做到因人而言。一般男性比较喜欢理性的说话方式，而女性则偏重于情感上的共鸣。有的人直爽，说话直截了当；有的人敏感，喜欢琢磨弦外之音。这些都需要谈判者把握好实际情况，有针对性地说话。

3.灵活性

谈判中的语言转换是比较快的，谈判进程风云变幻，很难让人有从容准备的时间。因此谈判者要灵活地应对各种情况，要仔细聆听对方的发言，要察言观色、准确地捕捉对方的信息，并及时灵活地对自己的语言策略做出调整。

4.适应性

谈判的用语一定要适应当时的特定语境。如果谈判不看场合，随心所欲，是绝对达不到良好效果的。

二、获取对方的关键信息

有的谈判者在谈判中总是急不可耐地招呼大家坐下来，立即进入正题，恨不得让对方马上给个痛快话，这必然无法为自己争取最大的利益。有经验的谈判者不会快速进入正题，而是在不经意间抛出一些问题，获取关键信息，然后再有针对性地谈下去，积小胜为大胜。

在谈判中，获取对方关键信息的问题可以是"您是怎么知道我们的""你们之前做过的最好的项目有多大投入"。这些问话看似不经意，但对方的每一种回答都可能作为我们为后面谈判制定不同策略的基础。

一位培训师经常被各单位邀请去做培训。每次受邀前培训师就会问别人："非常感谢您能邀请我，但我很好奇，你们是怎么知道我的？"如果对方回答："我们是在网上查找到您的，觉得您挺不错，所以邀请您来。"这样，培训师就知道自己在什么渠道的口碑能产生何种效果，也能据此判断出对方现在对他的印象是什么。如果对方回答："我们之前有个领导听过您的培训，收获很大，因此希望您也能在我们公司内部做一下培训。"培训师就知道这是对方领导交下来的任务，对方有必须谈成的压力，他便可以将价码开得高一些。

以上策略可用在一些小型的谈判中。而大规模的正式谈判时，一方事前必定会做大量的信息搜集工作，对方也有一个大致的预判，就不必再使用这类策略了。

另外，在获取信息的过程中可以采用纠正式引导的方法，即给对方一个看起来肯定的答案，引导对方来纠正我们，如"您的课讲得实在是太好了，我相信您私底下一定也是这样成熟稳重的""我听说您在工作中特别主动，总是积极地带领新人"。这时候，对方就可能告诉你一些他私底下的信息，从而让你获取到一定的信息，为谈判朝有利的方向发展做出准备。

三、化解谈不下去的危机

有的时候，在谈判陷入僵局时也可以采用一些策略试探对方的反应，从而判断对方对于这次谈判的态度。比如："我看咱们都是爽快人，这件事情咱们今天就定下来，你看怎么样？"如果对方言语中有拖延的情况，比如："这可不行，我还得回去跟老板汇报。"这就代表对方并没有拍板的决定，或者是对谈判的决定性还不积极。而如果对方回答："嗯，我看可以。"这便说明对方也是怀着诚意来谈判的，最终结果可能很快就可以敲定。

还有一种方式是提出一个新方案，试探对方的反应。比如在租房价格的谈判中，可以向房东提出："我们还有没有别的形式，咱们都可以接受？"如果房东提出："不用想了，我就是这个价格。"那表示房东不会再退让，如果这个价格你不能接受，那就没必要再谈下去。而如果他回答："好吧，我可以以这个价格租给你们，但是你需要租两年。"这就表明还有进一步谈判的余地。

此外，还有一些化解谈判僵局的小技巧，也可以给谈判者提供一些参考。

◎在商务谈判中，根据谈判的情况，在必要的时候可以运用身体语言来增加自己的气势，如逼视对手或是跺跺脚，给对方一种稍显"震撼"的感觉。

◎装得小气一些，让步要慢，而且口气表现得十分勉强、为难，以此获得对自己有利的协定，千万不要一下子就让步到自己的底线，那样损失的终究还是自己。

◎如果谈判陷入了僵局，那就不妨暂时搁置，告诉对方你要和己方人再行磋商，这样让对方有机会怀疑或是重新考虑这个问题。

◎在谈判中突然改变说话的声调，或是加强说话的语气，让对方措手不及，从而迫使对方改变立场。但要注意，改变声调、加强语气不是要勃然大怒，而是换一种不伤及谈判氛围的讲话方式。

◎运用"预算战略"，如"我真的喜欢你的产品，而且也真的有此需要，可惜我没有能力负担"。这项间接求助的策略可以满足对方的自负，让对方让步。

四、让老板加薪的策略

这里我们再次将谈判的内容具体一些，说一下如何成功地让老板加薪。职场中的人都希望老板能给自己加薪。可实际情况并不是所有老板都会细致入微地体贴员工，对于不会主动给员工加薪的老板，便需要员工主动提出来。而如何提加薪老板才满意就成了职场中人一个头疼的问题。

通常，员工向老板提出加薪多采用两个套路：一是说明自己的薪资与现在的成绩不符，自己觉得憋屈；另一种则是威胁老板，"不加薪就走人"，这样说的风险太大，如果老板最终不给加员工也下不了台。

谈判加薪时不妨先不说自身情况，而是去问老板："我想知道，在我们这里，要达到什么样的条件才能加薪？"这样说，员工就把自己和老板放在了一个对等的标准上，而且也可以从老板自己的话语里找到自己能够加薪的标准。

另一个方法是和老板一起畅想未来，给他一个你得到加薪后将要表现出来的水平，如："老板，如果我得到了加薪，我会在这个项目中投入更多的精力的。"老板当然更看重公司的前景，在事先得到你的保证后，他可能就会让你如愿加薪。

辩论：争取到第三方的支持

辩论是"唇枪舌剑"的最好体现，双方用语言来"一决高下"，但是这个"高下"的决定权却在第三方手里。通常辩论比赛都是有裁判的，输赢由裁判说了算，因此在辩论中争取到第三方的支持就能主导辩论结果的走势。

一、准确捕捉对方存在的问题

辩论的语言技巧在很大程度上归结于辩论者的反应能力和判断能力，有了这两大过硬的能力，才能准确捕捉对方言语中存在的问题，并且予以有力地回击。

1.以慢打快

有的人认为辩论中讲话就要快。其实不然，如果只是单纯地讲求快，很可能会让人觉得难以消化，也不一定能赢得第三方的支持。因此，快不是绝对的，准才是关键。

有的人担心，辩论中对方提出来一个问题自己一时回答不上来会尴尬。其实这时回答不上问题来的也许并不只有辩论者自己，观众和第三方同样也回答不上来，因此完全没必要紧张，自己吓唬自己。

这时候不妨用复述的方式来将皮球踢给对方。比如对方提出了一个逻辑较为荒谬的问题，当你说这块牛肉很难吃，而对方反问"难道你要吃牛毛吗"，你便可以用一些扯淡的逻辑来应对："有牛肉吃为什么要吃牛毛呢？你为什么会觉得我要吃牛毛呢？你真是好奇怪。"

还有就是慢而不断，比如说："不好意思，我反应慢，不理解牛肉和牛毛的关系，我们还是回到原来的问题上。我觉得它不好吃，是因为……如果你觉得好吃，就给我一个理由。"

很多辩论者提出一些问题，本身就是希望你没时间思考，快些回答。而你真这么做了便跳进了对方挖好的坑，因此，这个时候慢一点反而才是安全的。

2.拆穿对方的陷阱

辩论中，有的对手会提一些陷阱式的问题，这时辩论者如果顺着对方的思路来回答，那就是上当了。

在辩论中，辩论者应该有意识地对对方提出来的问题进行区分。毕竟辩论不等同于一般的谈话，对方想让你输，就会有意识地问一些刁钻的甚至完全没有逻辑的问题。

如果辩论者发现了对方陷阱式的提问，就应该直接将其拆穿，不给对方"痛下杀手"的机会。

曾经有个不怀好意的记者问NBA球员格林："你们去年来休斯敦比赛时，洪水一来，你们就输了；而洪水退去后，你们就赢了。今年你们又来到了休斯敦，也是洪水一来就输了，你怎么看？"这是一个有着严重逻辑问题的提问，格林当即予以了斥责："兄弟，因为洪水，这里的人们失去了家园，甚至失去了生命，我们最近都在忙着募捐，做这做那。而你呢？居然还在拿洪水的事情开玩笑？我真为你羞愧。"这样的斥责不仅不会被认为是失态，还会获得赞赏。

3.以彼之道还施彼身

在辩论中，如果嗅出了对方有忽悠的味道，那就不妨用他们的法子来施还给他们。比如之前有传销的人告诉受骗者："骗有善意的骗和恶意的骗，我们这是善意的骗。"有很多人就无法应对，这时如果受骗者能说："你都骗我来了还能是善意的？那你再买张票把我善意地送回去吧。"对方也许就不知如何回答了。

二、让反驳有力量

反驳是辩论的核心，反驳有力度，你就能站在辩论的至高点上，让对方难堪。

下面来看三则有力的反驳。

对于"你认真，你就输了"的回应："我在乎的是道理，原来你在乎的是输赢啊。"

对于"你行你上啊"的回应："我就是知道自己不行才没上的，你上了不是也不行嘛，我还以为你能行呢。"

对于"我走过的桥比你走过的路还多"的回应："如果听您的，万一走错了路，总不好让您负责吧。"

在辩论中，如果对方嫌你怎样，就是希望你不要这样。这时如果你拿出偏要这样的气势，摆出比对方更硬的态度，并且用类似上面例子中的语句有力地反驳对方，一般情况下都能让对方觉得不好招架。

三、借力打力

在辩论中，对方提出了一个好的类比，如果你只是说"这两者怎么能够相提并论呢"就会显得很没水平。而其实，对方做出一个类比，两者之间既然有可比性，当然也一定有不可比性，因此辩论者完全可以不管对方的类比是什么，只要指出其中不当的地方就可以了。或者顺着对方的类比进行延伸，让对方从我们的类比中发现自己原来类比的荒谬之处。